Andrea Braun

# LEICHT WIE EINE FEDER

## KREATIVES TANZEN MIT KINDERN

Kösel

2. Auflage 2001
© 1997 by Kösel-Verlag GmbH & Co., München
Printed in Germany. Alle Rechte vorbehalten
Druck und Bindung: Kösel, Kempten
Fotos: Heidi Velten (S. 38, 43, 91, 127, 134, 143), Kitti Mohr-Fritschi
und Michael Braun (S. 55, 70, 83, 103)
Umschlag: Elisabeth Petersen, München
Umschlagfoto: Ursula Markus, Zürich
ISBN 3-466-30437-7

*Gedruckt auf umweltfreundlich hergestelltem Bilderdruckpapier
(säurefrei und chlorfrei gebleicht)*

# INHALT

# Tanzen in der Öffentlichkeit

# Tanzen mit Kleinkindern

# Schlusswort mit Danksagung

# Mein Weg zum Kreativen Kindertanz

Mein Weg zum Kreativen Tanz ergab sich aus der Situation heraus, dass ich die alten bis in alle Winkel ausgelaufenen Wege der Methodik und Pädagogik zur Bewegungserziehung nicht mehr gehen wollte. Ich suchte nach fast zehn Jahren Arbeit mit Kindergruppen eine andere, bessere Form, die mehr konnte, als nur den Bewegungsdrang der Kinder in richtige Bahnen zu lenken. Ich wollte das ganze Konzept etwas kreativer, mit mehr Spaß und eigener innerer Motivation gestalten.

Ich beobachtete an meinen eigenen Kindern das meiner Meinung nach angeborene Interesse an Musik und Tanz. Oft musste ich in der Fußgängerzone stehen bleiben, weil eines meiner Kinder am Spiel eines Straßenmusikers mit Geist und Seele »hängen« blieb. Meist konnte ich beobachten, wie sie zur Melodie mithüpften, klatschten oder sich drehten. Dieses Interesse an Musik und Tanz war bei Kindern im Kindergarten- und Schulalter noch ausgeprägter und äußerte sich auch auf eine differenziertere Art und Weise. Da ich seit langem ein Verfechter der Phantasieförderung bin, beschloss ich, kreatives Arbeiten und Tanz miteinander zu verbinden.

Leider gab es zu meinen Anfängen noch wenig Veröffentlichungen zu diesem Thema. Ich hatte die Wahl zwischen gebundenen Kindertänzen, Meditativem Tanz, Ballett- oder Aerobic-Elementen.

Erst nach längerem Suchen in Büchereien fand ich einzelne Werke aus den siebziger und achtziger Jahren.

Kreatives Tanzen mit Kleinkindern ist – soweit ich herausfinden konnte – in dieser Form noch in keinem Buch veröffentlicht worden und deshalb ganz neu.

In der Vergangenheit habe ich im Kindergarten, in Mutter-Kind-Gruppen und auf Freizeiten mit Kreativem Kindertanz gearbeitet. Außerdem rief ich eine Tanzgruppe in einem Tanzstudio ins Leben, in dem ich vorwiegend mit Schulkindern arbeitete.

Die Begeisterung war immer groß und »meine« Kinder entwickelten sich stets zu sehr kreativen Tänzern, die bald in der Lage waren, im Studio und zu Hause eigene Ideen mit Musik umzusetzen.

Da ich in meinem Kollegenkreis immer wieder darauf angesprochen wurde, doch etwas »vorzumachen« oder Unterlagen mitzubringen, habe ich mich dazu entschlossen, ein Buch über Kreativen Kindertanz zu schreiben.

Es ist voll und ganz in der Praxis entstanden und bedarf keines Tanzgenies oder besonderen Könnens. Nur Lust zum Tanzen und ein bisschen eigene Phantasie sind nötig, der Rest entwickelt sich mit der Zeit von selbst.

# KREATIVES TANZEN MIT KINDERN

Zu Beginn möchte ich Ihnen eine Situation aus der Praxis schildern: Fünfzehn muntere, quirlige Kinder stürmen an einem verregneten Vormittag in den Turnraum. Alle wissen bereits: Heute wird wieder getanzt. Sie haben selbst gefärbte Tücher mitgebracht, sehen den vorbereiteten Kassettenrekorder und sind schon etwas zappelig, denn gleich geht es los. Der Tanzleiter (An dieser Stelle möchte ich betonen, dass in dieser Anrede sowohl Männer als auch Frauen eingeschlossen sind. Nur aus praktischen Gründen wird auf eine getrennte Bezeichnung verzichtet.) fordert die Kinder dazu auf, sich einen Platz im Raum auszusuchen, sich auf den Rücken zu legen oder eine andere bequeme Stellung einzunehmen. Nun wird die Musik eingeschaltet, die die Gruppe still in sich aufnimmt. Manche Kinder schließen die Augen, andere legen den Kopf auf die Knie – jedes auf seine Art. Danach werden die Kinder gefragt: »Wie hat euch die Musik gefallen? Welche Tanzideen fallen euch dazu ein?«

Erste Wortmeldungen enden in einer gemeinsamen Vorstellung:

In diesem Fall lädt die Musik dazu ein, wie ein Vogel durch einen verwilderten Urwald zu fliegen. Als solcher verwandelt, »fliegt« die Tanzgruppe durch den Raum, ihre mitgebrachten Tücher werden ganz selbstverständlich zu flatternden Flügeln. Die Kinder begrüßen andere »Vögel«, rutschen einen imaginären Wasserfall hinunter, werden von den Urwaldaffen gejagt usw. Als die Musik zu Ende geht, sammeln sie sich, um lachend ins gemeinsame Nest zu schlüpfen und sich schlafen zu legen.

Jedes Kind konnte sich dabei in seiner individuellen Art und nach eigenen Wünschen in die Gruppe einbringen. Es konnte die Musik nach den eigenen Vorstellungen umsetzen und der Phantasie im Tanz freien Lauf lassen.

Bevor ich mit der Vorstellung der einzelnen Tänze beginne, möchte ich im Folgenden etwas ausführlicher auf die verschiedenen Aspekte des Kreativen Kindertanzes eingehen.

Der Begriff »Kreativität« wird erst seit den fünfziger Jahren verwendet. Mit »Kreativität« werden schöpferische Vorgänge bezeichnet, die sich im Handeln und Denken realisieren und sich durch Originalität und Neuartigkeit auszeichnen. Es entstehen dabei keineswegs nur theoretische Ideen. Vielmehr werden neue Lösungen für menschliche, technische und soziale Probleme entwickelt.

Kreativen Menschen werden folgende Persönlichkeitsmerkmale zugesprochen: Vitalität, Initiative, Ausdauer, Neugier, Unabhängigkeit, große Konflikt- und Frustrationstoleranz.

Diese Merkmale sind sicherlich erstrebenswerte Charaktereigenschaften, die sich jeder Erziehende oder Pädagoge für seine Kinder wünscht.

Rudolf von Laban (geb. 1879 in Preßburg, gest. 1958 in Weybridge bei London), ein Tänzer, Choreograph, Ballettdirektor (des Preuß. Staatstheaters, Berlin 1930-34) und Pionier moderner Bewegungsforschung, legte wichtige Grundsteine für die Arbeit vieler Tanzpädagogen, Anthropologen und Tanztherapeuten.

Sein wichtigstes Werk *Der moderne Ausdruckstanz in der Erziehung* ist 1981 von seiner Schülerin Lisa Ullmann herausgegeben worden. Er zeigt darin praktische Grundlagen für die »Erziehung zum Tanz«, indem er ganz speziell auf das freie Tanzen in verschiedenen Altersstufen eingeht und es in »16 Bewegungsthemen« unterteilt (eine Art Einteilung und Zielsetzung der verschiedenen Schwerpunkte des Kreativen Tanzes, auch freier Ausdruckstanz genannt, in 16 Lernziele).

Diese theoretischen und praktischen Grundlagen hatten in Deutschland bis in die dreißiger Jahre ein großes Wirkungsfeld und wurden später vom englischen Unterrichtsministerium weitgehend als Schulfach und Studienfach der damaligen Lehrerausbildung eingeführt (Quelle: Laban, Rudolf von: *Der moderne Ausdruckstanz in der Erziehung. Eine Einführung in die kreative tänzerische Bewegung als Mittel zur Entfaltung der Persönlichkeit.* Wilhelmshaven, 2. Aufl. 1989).

Auch in Deutschland gab es in der Sportpädagogik eine ähnliche Bestrebung (siehe hierzu auch das Kapitel *Der Kreative Kindertanz ist vielfältig einsetzbar*). Im Kindergartenbereich entwickelte sich der Tanz zuerst nur in sehr gebundener Form mit fester Schrittfolge. Dem folgte eine weitere Öffnung hin zum freien Tanzen bis hin zur heutigen Form des »Kreativen Kindertanzes«, zu dem immer mehr Pädagogen aufbrechen, um »die Integration von intellektuellem Wissen und kreativen Fähigkeiten« (Laban 1989) mit der Förderung einer Entwicklung zur eigenen Körperlichkeit und Audrucksmöglichkeit zu verbinden.

In meiner Praxis haben sich verschiedene Merkmale und Ziele des Kreativen Kindertanzes herauskristallisiert:

Das erste Merkmal dieser Tanzform ist das Element der Phantasie. In der heutigen pädagogischen Arbeit mit Kindern ist die Förderung der »freien Schöpferkraft« eines der schwierigsten Ziele geworden. Die Überlegung liegt nahe, ob und wie man im Zeitalter der Medien und der fast unbegrenzten Möglichkeiten der Telekommunikation eigenständiges kreatives Denken spielerisch wecken kann. Der Kreative Kindertanz kann hierzu einen wichtigen Beitrag leisten.

Jedes Kind, jeder Tänzer soll in dieser Form des Tanzens seiner Phantasie freien Raum lassen und aktiv bei der Entstehung von Idee und Umsetzung beteiligt sein. Selbstverständlich auf freiwilliger Basis und im Rahmen seiner

Fähigkeiten. Die Förderung der Phantasie ist dabei sehr wichtig, da sie einen wesentlichen Anteil der Kreativität darstellt.

Das bedeutet in der Praxis, dass in der Tanzgruppe ein »Kreatives Klima« entsteht, in dem Wünsche, Tagträume, Phantasiegeschichten und Rollenspiele in einem Vorbereitungsgespräch erfragt werden, um dann ins aktive Tanzen umgesetzt zu werden. Dieser Prozess, der am Anfang jeder Gruppenstunde steht, stellt den wichtigsten Teil der Vorbereitung auf die gemeinsame Umsetzung dar.

Deshalb sollte der Tanzleiter seine Ideen und Vorstellungen zurücknehmen und abwarten, welche Impulse von der Gruppe kommen. Die Kunst besteht darin, ein Gleichgewicht zwischen der Phantasieförderung auf der einen Seite und neuen methodischen Impulsen auf der anderen Seite zu schaffen. Deshalb sollten Anregungen nur behutsam gegeben werden.

Ein weiterer Schwerpunkt im Kreativen Kindertanz ist die Förderung der Körperlichkeit, die die Kinder im individuellen Tanzen erfahren. Konkret gesprochen heißt das, sie fühlen den Rhythmus eines Musikstückes und erleben ihre Fähigkeit diesen umzusetzen, indem sie sich im Takt bewegen, sich schütteln, wild werden oder Töne von sich geben. Sie spüren Arme und Beine, erleben ihre Kraft und die Fähigkeit, sich entsprechend zur Musik zu bewegen.

Kreativer Tanz ist ein Ausdrucksmittel. Die Gruppe kann verschiedene Musikrichtungen von langsamen, getragenen Liedern bis zu aggressiver, lauter Musik tänzerisch ausdrücken. Dazu zählen auch Stimmungen und Gefühle, wie später weiter erörtert werden soll.

Ausdruckstanz soll auch, wie das Wort schon sagt, Gegebenheiten tänzerisch zum Ausdruck bringen. Z.B. wird dargestellt, wie ein Baum langsam aus einem Samenkorn wächst.

Der Grundsatz »Erlebnis statt Leistung« ist im Kreativen Kindertanz sehr wichtig. Es gibt verschiedenste Tanzarten, bei denen die Leistung mehr oder weniger im Vordergrund steht. Im Kreativen Tanz ist das fertige Produkt nicht so bedeutend. Viel wichtiger ist das phantasievolle Aufbauen einer Idee, die dann gemeinsam umgesetzt wird. Es gibt daher weder leistungsorientiertes Denken noch Leistungsdruck. Vor allem sensible Kinder profitieren davon.

Für Erzieher bzw. alle weiteren Tanzanbieter bedeutet das, dass keine vorzeigbaren Produkte entstehen müssen. Diese Tanzform fordert viel Flexibilität und Mut zu Experimenten.

Als Letztes, ganz typisches Merkmal des Kreativen Tanzes ist das sehr starke Erleben von Gemeinschaft zu nennen. Die Kinder wachsen im kreativen Prozess, dem geförderten Miteinander und gemeinsamen Erleben zu einer sehr engen sozialen Gruppe heran. Jedes Kind hat darin seinen Platz, egal ob es z.B. das jüngste Kind ist oder vielleicht eine äußerliche Auffälligkeit hat.

Mit dem Kreativen Kindertanz werden folgende Ziele verfolgt und Schwerpunkte gesetzt:

Als Erstes ist das Ausleben-Können der individuellen Stimmungen hervorzuheben. Durch die verschiedene Auswahl der Musikrichtungen und Tanzideen kann jedes Kind auf seine Weise emotional angesprochen werden. Allein die freie Möglichkeit, ein Lied zu interpretieren, versetzt Tänzer in die Situation, Reste von Erlebtem, Gefühle und Stimmungen mit einzubringen. Eventuell können diese sogar heraus- oder weggetanzt werden. Vor allem Wut, Aggression und Trauer fallen unter diese Sparte ebenso wie Freude und Fröhlichkeit.

Manchmal wird auch Unbewusstes sichtbar. Damit sind nicht nur Gefühle gemeint. Manche Kinder zeigen dem Tanzleiter und der Umgebung erst in der Ausdrucksmöglichkeit des Tanzes ihre kreativen Fähigkeiten und Begabungen. Schüchterne oder sensible Kinder sind in meiner Tanzgruppe unerwartet aufgetaut und haben sich entfaltet.

Jedes Kind hat einen starken Drang nach Bewegung, der im Kreativen Tanz ausgelebt werden kann. Dabei wirkt sich das unreglementierte, freie Tanzen und Erleben von psychischen und physischen Freiräumen sehr positiv auf die verstärkte Notwendigkeit aus, Ausgleiche zu bestehenden Problembereichen zu schaffen. Diese Überlegung wird bei zukünftigen Zielsetzungen des modernen Kindergartens eine zusehends stärkere Rolle spielen.

Ein eher musisches Ziel dieser Tanzform stellt die Entwicklung des Rhythmusgefühles und das Kennenlernen verschiedenster Musikformen dar. Das Besondere am Kreativen Kindertanz ist das spielerische, aus eigenem Antrieb motivierte Lernen dieser Ziele. Durch den Tanz bekommen die Kinder Einblick in die unterschiedlichsten Musikstile und können Tanz und Musik einander zuordnen.

Aus eigener Erfahrung mit unterschiedlichen Tanzgruppen habe ich erlebt, dass diese besondere Art des Tanzens mithelfen kann, die Persönlichkeit der Kinder zu entwickeln. Viele Zielsetzungen und Schwerpunkte wie Selbstbestimmung und Kreativität tragen dazu bei, eine Persönlichkeit mit Selbstbewusstsein und eigenem Willen zu fördern.

Das schwierigste Ziel dieser Tanzform ist das Umsetzen von Gefühlen, Geschichten und Ideen in die Praxis. Erst nach vielen Vorübungen und Tanzstunden erlangen die Kinder diese Fähigkeit.

Tanzgeschichten fordern von Kindern Vielseitigkeit. Sie enthalten Elemente der Mimik, des Theaters, der Phantasie, eine abgestimmte Gruppendynamik und eine gewisse Choreographie. Engagement und ein soziales Miteinander sind die Voraussetzungen für das gemeinsame Arbeiten.

Im Kreativen Kindertanz wird vor allem während meditativer Tanzideen großer Wert auf innere Rückbesinnung gelegt. Heutige Kinder haben mit vielerlei Reizen, Konsum und Erwartungshaltungen zu kämpfen. Oft kommt eine systematische Verplanung und Steuerung der Interessen hinzu. Dabei entsteht »das verplante Kind«. Als solches muss es unter Umständen mit einer keineswegs individuellen Wiedergabe seiner Bedürfnisse umgehen. Viele Kinder haben große Schwierigkeiten in der Rückbesinnung auf sich selbst. Meditation und Meditativer Tanz zeigt ihnen den Weg zu ihrer inneren Mitte. Die aktive Meditation im Tanz lässt die Seele zur Ruhe kommen.

Ein in heutiger Zeit ebenso wichtiges Ziel des Kreativen Kindertanzes ist das Aufarbeiten von Aggressionen und Stress.

Wie schon erwähnt sind Kinder in unserer Zeit sehr vielen Ansprüchen und Einflüsssen von außen ausgesetzt und damit überfordert. Bei einigen Kindern äußert sich dies in verschiedensten psychischen und physischen Problemen. Kreativer Kindertanz kann gestressten, aggressiven Kindern zum einen ein Ventil verschaffen und ihnen Halt geben. Zum anderen gibt er ihnen vorbeugend die Gelegenheit, einen Teil ihrer wahren Persönlichkeit auszuleben und pflegen zu können.

Zuletzt möchte ich einen eher wissenschaftlichen, jedoch nicht unwichtigen Punkt – den biologisch-medizinischen Aspekt – mit einem Zitat von Ursula Vogt erläutern.

»Da im Kindergartenalter (ebenso davor und danach; Anmerkung d. Verfasserin) umfangreiche körperliche Entwicklungsvorgänge ablaufen, ist in dieser Zeit die Bewegung als biologischer Entwicklungsreiz von besonderer Bedeutung. (...) Der Haltungs- und Bewegungsapparat, die inneren Organe und das Nervensystem müssen in ihrer Entwicklung gefördert werden, um eine altersspezifisch optimale biologische Entwicklung zu gewährleisten.« (Quelle: Vogt, U.: Die Motorik der 3- bis 6-jährigen Kinder: ihre Abhängigkeit vom biologischen Entwicklungsstand und soziale Umweltfaktoren, Schorndorf 1978)

Ursula Vogt ist der Meinung, dass Bewegung eine Entspannung und Beruhigung für das vegetative Nervensystem bringt. Sie wirkt der passiven Reizüberflutung des modernen Lebens entgegen.

Im Vorschulbereich und noch stärker im Schulalltag gibt es wenig ganzheitliche Möglichkeiten, dieser Reizüberflutung entgegenzuwirken. Eine ideale Kompensation und Regulation bietet der Kreative Kindertanz.

Den meisten Lesern dürfte bekannt sein, dass mit verschiedenen körperlichen Entwicklungen auch geistige Fortschritte einhergehen. Beispielsweise trainiert ein Kind beim Rollerfahren seinen kinästhetischen Muskelsinn (Gleichgewichtssinn), gleichzeitig vollziehen sich geistige Entwicklungen.

Ähnliche Prozesse werden beim ganzheitlichen Kindertanz gefördert. Dabei kommt es zu einer weiteren Reifung des kindlichen Gehirns und der Integration beider Gehirnhälften.

# Der Kreative Kindertanz
## in seiner praktischen Umsetzung

## Wie finde ich geeignete Räumlichkeiten?

In den meisten Kindergärten, Kindertagesstätten oder Hortgruppen gibt es Turn- oder Ausweichräume. Der Raum zum Tanzen ist ein Raum zur Entfaltung. Die Größe spielt natürlich eine wichtige Rolle. Er sollte so beschaffen sein, dass die Gruppe sich frei bewegen und drehen kann, ohne dass sich die Kinder gegenseitig einengen.

Besonders angenehm wirkt natürlich ein netter, heller Raum, der eventuell sogar von den Kindern mitgestaltet wird. Aber auch jeder noch so kahle Turnraum kann motivieren, wenn nur die Begeisterung da ist.

Auch ein kleiner Raum kann für Tanzeinheiten genutzt werden. Die Gruppen müssen gegebenenfalls verkleinert und den Verhältnissen angepasst werden. Ich persönlich bevorzuge eine Gruppengröße von zwölf bis fünfzehn Tänzern. In dieser Gruppenstärke kann man sehr gut auf die individuellen Ideen und Eigenarten der Tanzgruppe eingehen. Außerdem ist die Gruppe groß genug für Tanzgeschichten mit mehreren Personen.

In manchen Institutionen gibt es möglicherweise keinen verfügbaren Raum. Dieser schwierigen Situation kann entgegengewirkt werden, indem man sich nach Provisorien umschaut. Eventuell kann eine Eingangshalle, ein Flur oder (im Sommer) der Garten benutzt werden.

Zu beachten:
Wenn Sie das erste Mal mit Ihrer Gruppe in einem Raum tanzen, ist es wichtig, erste spielerische Vorübungen zum Kennenlernen der Umgebung bzw. des Tanzraumes voranzustellen.

# Welche Hilfsmittel sind vorzubereiten?

## Technische Hilfsmittel

Darunter fallen Kassettenrecorder, Stereoanlagen oder tragbare Kombinationsanlagen. Dies wird je nach Einrichtung verschieden sein.
Dazu möchte ich folgende Tipps geben:
Um eine möglichst große Auswahl unter den Musikrichtungen und z.T. konkreten Musikvorschlägen zu erzielen, ist es ratsam, eine Liste davon an das »Schwarze Brett« zu heften. Darin bitten Sie Eltern, Kollegen, Freunde usw. mitzuhelfen, die entsprechenden Tonträger auszuleihen.
Ich arbeite fast immer mit einem Kassettenrecorder, weil er unempfindlich und einfach zu bedienen ist. Wenn ich in einer Tanzeinheit ca. zwei bis fünf Tanzstücke (je nach Alter, Gruppenkonstellation und Aufnahmevermögen der Gruppe) einplane, überlege ich mir vorher, welche Idee mit welcher Musik zu unterlegen ist, und spule bereits vorher die Kassette an die richtige Stelle, damit ich gleich beginnen kann. So entstehen keine unnötigen Wartezeiten. Es ist immer wieder wichtig, kurze Pausen einzulegen, aber langes Suchen nach Musikstücken strapaziert die Geduld und Aufnahmefähigkeit der Kinder sehr.

## Unterstützende tänzerische Hilfsmittel

Darunter werden Utensilien und Gegenstände verstanden, die für das Tanzen entweder als Musikersatz oder zur Erweiterung des tänzerischen Ausdrucks verwandt werden.

Dazu zwei Beispiele:

Ich setze für meine Tanzeinheit eine rhythmische Tanzidee ein. Dazu wähle ich ein passendes Rhythmusinstrument wie z.B. eine Handtrommel, ein Tambourin, Rasseln, ein Xylophon oder auch einen »Regenmacher«.

Eine andere Tanzidee soll für ein Frühlingsfest eine beschwingte, leichte Atmosphäre vermitteln. Die Wahl fällt auf ein fröhliches Musikstück, das zur Vertiefung dieser Zielsetzung von den Kindern mit bunten Bändern untermalt wird.

Unterstützende tänzerische Mittel können auch Bälle, Tücher aller Art, Seile, Instrumente, Federn usw. sein.

Diese Hilfsmittel sollten immer griffbereit in der Nähe des Tanzleiters liegen.

## Vorbereitung der Requisiten von Tanzgeschichten

Auf die ausführliche Vorgehensweise und Durchführung dieser Tanzeinheit möchte ich im Kapitel »Tanzgeschichten für Anfänger« eingehen.

Dazugehörige Gegenstände müssen, wie schon erwähnt, vorbereitet werden. Wenn ich z.B. in einer Tanzgeschichte einen König und eine Königin »mitspielen« lassen möchte, bereite ich hierzu zwei Kronen aus Pappe und Goldpapier vor.

Weitere Requisiten können Kleidungsstücke, Hüte, Schminke, Tücher, Seile usw. sein.

# Welche Musikstücke sind geeignet?

## Möglichkeiten der Musikauswahl

◆ *Rock/Pop:*

Musikstücke dieser Kategorie eignen sich sehr gut für schnelle, rhythmische Tänze. Oft kann man aus solchen Liedern spezielle Geräusche und Effekte sowie ein besonderes musikalisches Thema für Tanzideen einsetzen.
Beispiel: Aus der CD *Greatest Hits* von der Gruppe *Eurythmics* kann man das immer wiederkehrende rhythmische »Ticken« des Stückes »Here Comes The Rain Again« in das tänzerische Motiv einer Uhr umsetzen.

◆ *Klassik:*

Ruhige klassische Musikstücke eignen sich gut für Tänze, die von mäßigem bis mittelschnellem Tempo sind. Getragene Melodien können für meditative Tanzideen verwendet werden. Weiterhin ist von Vorteil, dass diese Stücke meist instrumental gehalten sind. Ich finde es sehr wichtig und schön, Kindern auf spielerische Weise klassische Musik nahezubringen.
Beispiel: *Die Moldau* von Smetana eignet sich gut bei Tanzideen mit Tüchern, für einen Ausdruckstanz zum Thema Wasser/Fluss oder um tänzerisches Schwingen und Drehen darzustellen.

◆ *Jazz/Folklore:*

Diese Musikrichtung kann je nach Thema unterschiedlich eingesetzt werden. Gemäßigter Jazz eignet sich für Ausdruckstanz und kindgerecht aufgearbeiteten Jazztanz. Folklorestücke wie z.B. Panflöte, brasilianische oder asiatische Musik untermalen ausgedachte Tanzgeschichten zu diesem Kulturkreis sehr anschaulich. Diese Musikrichtung eignet sich gut für Aufführungen bei Festen, da sie diese mit ihren fröhlichen Themen bereichern.
Beispiel: Der italienische Folklore- und Balladensänger Angelo Branduardi eignet sich für folkloristisch angehauchte Tanzideen. Indianische Gesänge und Lieder können zu passenden »Indianertänzen« gespielt werden.

◆ *»Kindermusik« (so genannte Kindermusikkassetten):*
In dieser Sparte gibt es viele gute Produktionen. Sie sind für Kinder sehr eingängig und sind aufgrund ihrer deutschen Texte und kindorientierten Themen motivierend. Meist kann man den Inhalt des Liedes als ganze Geschichte oder als Grundthema in Tanzideen umsetzen.
Beispiel: Lieder von Rolf Zuckowski (Rolf und seine Freunde), z.B. auf der CD/MC *Die Jahresuhr*, bieten viele Möglichkeiten. Ebenso zu empfehlen sind Werke von Frederik Vahle oder Peter Maffay (*Tabaluga*).

◆ *Instrumental/Meditativ:*
Instrumentalstücke besitzen den Vorteil, dass kein Text die Kinder vom eigentlichen Tanzthema ablenkt und die tänzerische Intensität im Vordergrund steht. Ausdruckstanz lässt sich damit besonders gut verwirklichen.
Im Allgemeinen ist Meditationsmusik instrumental, da sie das Ziel verfolgt, Ruhe und Besinnlichkeit zu erreichen. In Tanzstücken verwendet, lässt sie eine ganz besondere Atmosphäre und Ausgeglichenheit in der Gruppe entstehen.
Beispiele: Gabrielle Roth And The Mirrors, Vollenweider, Rick Wakeman, Deuter, Kitaro.

◆ *»Körpermusik« (entweder auf Kassette aufgenommen oder »live«):*
Bei dieser Musikform wird die Tanzgruppe geteilt. Die eine Hälfte gestaltet die Musik, die anderen Kinder tanzen dazu.
Beispiel: Ein Gewitter soll tänzerisch umgesetzt werden. Die Musikgruppe versucht zuerst ein leichtes, dann ein stärkeres Tröpfeln, das in Regen, Donner und Blitz übergeht. Sie erzeugt die Geräusche mit den Händen und Füßen auf dem Boden.
Die zweite Gruppe tanzt dazu, als ob sie Blätter im Wind seien.

## Noch ein paar Tipps

1. Eine gute Mischung der ausgewählten Tanzideen und Musikrichtungen ist für eine breit gefächerte Zielsetzung und die Motivation der Tänzer wichtig.
2. Ersatzmusikstücke ausprobieren, wenn das vorgeschlagene Lied nicht vorhanden ist.
3. Eine Kassettensammlung für Tanzmusik in einem eigenen Behältnis (Schublade, Schrank oder Kassettenkoffer) hat sich als praktisch erwiesen.
4. Die meisten Tanzgruppen haben eine Konzentration und Ausdauer von 2 – 3 Minuten (bei schnellen Tänzen) oder 3 – 4 Minuten (bei langsamen/meditativen Tänzen), deshalb nach dieser Zeit die Musik sanft ausblenden.
5. Nie einen Musiktitel verwenden, der Ihnen selbst nicht gefällt, Sie könnten nicht genügend Motivation ausstrahlen.

# AUS WELCHEN PHASEN SETZT SICH DIE DURCHFÜHRUNG EINER TANZEINHEIT ZUSAMMEN?

## Vorüberlegungen

a) Welche Tanzstücke kommen für meine Kindergruppe in Frage?
b) Welche Ziele möchte ich heute erreichen?
c) Welche Mischung der Musik und Tanzideen passen zu dieser Tanzeinheit? Ist sie ausgeglichen?

## Vorstellung des Musikstückes

Nach einer kurzen Begrüßung bzw. Einleitung des Vorhabens wird als Erstes die Musik des Tanzstückes angespielt. Die Kinder können sich dazu im Raum verteilt auf den Rücken legen oder eine andere entspannte Position einnehmen. Wenn die Tänzer leicht ablenkbar sind, kann man die Kinder auch die Augen schließen lassen.

Nun wird das Musikstück ca. 1/2 – 1 Minute angespielt und dann sanft wieder ausgeblendet. Während die Gruppe sich zu einem Halbkreis um den Tanzleiter versammelt, sollte die Kassette wieder zum Anfang zurückgespult werden (dies geschieht leichter, wenn Sie das Zählwerk des Kassettenrecorders – wenn vorhanden – immer zu Beginn des Liedes auf »Null« stellen, um wieder zum Beginn zurückzufinden).

Dann wird die Gruppe gefragt:

Wie wirkt die Musik auf euch?

Welche Musikrichtung könnte das sein? (Bei älteren Kindern)

Welche Instrumente erkennt ihr?

An was erinnert sie euch?

Was könnt ihr euch dazu vorstellen?

Diese Fragen müssen nicht jedes Mal alle gestellt werden. Man kann auch zu jedem der Musikstücke einer »Tanzstunde« nur eine der Fragen stellen.

## Gemeinsames Erarbeiten der Tanzidee

Nun werden die Eindrücke und Tanzvorschläge der Kinder zusammengetragen. Der Tanzleiter kann durchaus das Titelmotiv vorgeben oder in diese Richtung lenken.

Es ist ebenso möglich, eine konkrete Tanzart vorzugeben. Vor allem zu Anfang einer Gruppenentwicklung sind manche Kinder damit überfordert, ihre Phantasie einzusetzen. Einigen wird es anfangs schwer fallen einen eigenen Stil zu entwickeln. Die Entwicklung der Kreativität ist ein andauernder Prozess, den es immer wieder zu unterstützen gilt.

Deswegen gilt als oberstes Gebot für diese Phase: Auf die momentane Situation der Gruppe eingehen, dort ansetzen, wo sich etwas anbietet, und vorsichtig anleiten!

## Wir tanzen

Die Tanzgruppe wird aufgefordert, sich im Raum so zu verteilen, dass jeder genügend Platz für sich findet. Dann wird die Musik gestartet, der Tanzleiter führt zusammen mit der Gruppe die besprochene Tanzidee aus. In dieser Phase hat er die Funktion, schüchterne Kinder aufzumuntern, »wilde« Kinder etwas zu bremsen und eigene Ideen mit Lob zu unterstützen. Es ist immer wieder möglich, die Gruppe für kurze Zeit zu führen und Impulse zu geben. Ein motivierender Tanzleiter ist das halbe Kapital!

Wir sind nun am spannendsten Moment des Kreativen Kindertanzes angekommen. Die Tanzgruppe entfaltet sich, sie lässt sich zusammen mit ihrem Tanzleiter von der Musik inspirieren und mitreißen. Es entstehen partnerschaftliche und gruppendynamische Situationen. Die ganze Motivation entlädt sich in Bewegungen und Tanzformen wie Drehungen, Sprüngen und Hopsern. Die Kinder lassen ihre Arme und Beine baumeln, »fliegen« oder »ausschlagen«. Sie bewegen sich nach kurzer Zeit im Takt. Ihr ganzer Körper nimmt ihn auf. Viele unter ihnen können ihre Freude nicht verbergen und beginnen mitzusingen oder sich den anderen Tanzmitgliedern mitzuteilen. Ist das Tanzstück vorüber, sieht man meist erhitzte, strahlende Kinder, die in ihrer individuellen Weise zum Gruppentanz beigetragen haben. Das Gruppengefühl ist in diesem Moment enorm.

Wichtig: Kreativer Kindertanz ist immer eigenbestimmt und freiwillig!

## Die Nachbesprechung

Die Kinder sammeln sich wieder um den Tanzleiter, der sie nach einer kurzen Atempause z.B. fragt:

Hat euch das Tanzen gefallen?
Was hat euch besonders gut getan?
Könnt ihr etwas von euch erzählen?
Wer hat noch neue Ideen dazu?

Sehr schnell entsteht ein vertrautes, offenes und kreatives Klima, in dem immer wieder Platz für neue Ideen und Wünsche ist.
Auch der Tanzleiter reflektiert für sich:

War die Musik und das Thema motivierend?
Sind die Kinder altersgerecht angesprochen worden?
Hat der Tanzaufbau genügend Spannungsbogen gehabt?
Wo konnte ich Tänzer unterstützen, wo musste ich bremsen?

Tanzstücke, die den Kindern gut gefallen haben, werden von ihnen immer wieder gewünscht. So entstehen Lieblingsstücke, die in Abständen immer wiederkehren, und andere Einheiten, die mangels Begeisterung wegfallen. Wiederholungen sind nicht nur zur Freude der Kinder einzusetzen, sie stellen ein methodisch-pädagogisches Grundprinzip des Lernens und Entwickelns dar.

# DER KREATIVE KINDERTANZ IST VIELFÄLTIG EINSETZBAR

## TANZEN IM KINDERGARTEN/IN DER KINDERTAGESEINRICHTUNG

Meine ersten praktischen Erfahrungen mit Kreativem Tanz habe ich im Bereich der Kindergartenarbeit gemacht.

Zuvor kannte ich viele z.T. neu entdeckte Formen der Bewegungserziehung und der Meditation. Doch kein anderer Bereich konnte mich in seiner Kreativität und ganzheitlichen Förderung so überzeugen. Und kein Bereich machte mir und meinen Kindern so viel Spaß.

Kreativer Kindertanz lässt sich in den Alltag mit Kindern sehr einfach mit einbeziehen. Man braucht wenig Material, er ist schnell erlernbar und einfach bei Kindern einzuführen. Das einzig Wichtige ist ein Raum mit genügend Platz. Kreativer Kindertanz kann helfen, einen Teil des Gruppenlebens zu intensivieren, schwierige Kinder in neuem Licht zu sehen und ein Zusammengehörigkeitsgefühl zu schaffen.

Selbst wenn diese Tanzrichtung nicht alle Kollegen und Kinder der Einrichtung anspricht, so könnte man doch zumindest mit einer Tanz-AG (Tanz-Arbeitsgemeinschaft) beginnen.

# Tanzen in der Schule? Warum nicht!

Wie schon erwähnt, ist der Kreative Kindertanz in anderen Ländern keinesfalls so exotisch wie bei uns. Auch in Deutschland gab es z.B. in den achtziger Jahren Bücher aus dem Bereich der »Schulsportpraxis« zum Thema Tanzen mit Schülern. Diese Ideen wurden in das Fach Sport mit aufgenommen, in dem aber sehr wenig Zeit dafür bleibt. Tatsächlich hat der Kreative Kindertanz noch keinen Einzug in die Schulen gehalten.

Ich möchte dem gegenüberstellen, dass er in skandinavischen und englischen Schulen ein eigenes Unterrichtsfach einnimmt (Quelle: Haug, Susanne: *Nur wo Bewegung ist, ist Leben. Zur Bedeutung der Bewegung – insbesondere des Tanzes,* Diplomarbeit 1994).

Ich frage mich also, warum nicht auch in unseren Schulen diese wunderbar kreative und motivierende Bewegungsform z.B. in den Turnunterricht oder auch in normale Schulstunden mit eingebaut werden kann.

Bestimmt ergeben sich im Schulalltag immer wieder Situationen, in denen gerade ein befreiender Ausdruckstanz eine Klassensituation bereichern oder klären könnte.

Wäre es nicht möglich, auf zappelige, nervöse Schulkinder mit einfachen meditativen Tanzideen so einwirken zu können, dass sie sich nicht zur Ruhe zwingen müssen, es aber trotzdem tun wollen?

Der Tanz als ganzheitliche Bewegungsform wäre eine gute Möglichkeit, Schulstress abzubauen und zu einem kreativen Umgang mit den eigenen Empfindungen und dem eigenen Körper hinzuführen.

Gemeinschaftsgefühl und Kooperation würden sich von allein entwickeln. Die Schule könnte mit dem Tanz einen Ausgleich zur geistigen Förderung anbieten, indem sie körperliche und seelische Entspannung im Kreativen Kindertanz unterstützen würde. Gleichzeitig kämen Lehrer dem kindlichen Bewegungsdrang ihrer Schüler mit viel Abwechslung entgegen. Klassen- und Schulfeste könnten mit Kreativem Kindertanz auf individuelle und eigeniniti-ierte Weise bereichert werden.

Auf Anfrage habe ich in verschiedenen Schulen in meiner Umgebung zu unterschiedlichen Anlässen Tanzeinheiten des Kreativen Kindertanzes angeboten. Schüler und Lehrer waren von der Freude der Kinder und ihren Möglichkeiten des Ausdrucks fasziniert. Meiner Meinung nach wurde auch sehr viel Stress abgebaut.

Kinder, die nicht mit den besten schulischen Leistungen glänzen konnten, zeigten in der Sparte der kreativen Bewegung ihre verborgenen Talente und erfuhren auf diese Weise endlich die ihnen so notwendige Selbstbestätigung. Denn in diesem »Fach« gibt es weder gut noch schlecht. Es gibt nur die Eigenverantwortlichkeit, die man auf diese Weise sogar noch lernen kann.

Viele Tanzideen tragen zu einem partnerschaftlichen Umgang miteinander bei. Gerade in Einrichtungen mit hohem Randgruppenanteil kann Kreativer Kindertanz Hemmschwellen und Vorbehalte abbauen.

Vielleicht starten Sie in einer Art »Arbeitsgemeinschaft« oder »Projektwoche« erste Versuche? Ich kann nur sagen – versuchen Sie es! Es wird sich lohnen und Sie werden sehr viele schöne gemeinsame Erlebnisse haben!

# Tanzen zu Hause

Hier kann sich jede Familie mit Kindern angesprochen fühlen, die Lust am gemeinsamen Tanzen hat. Man braucht nicht gleich eine Gruppe von fünf bis sechs Personen, um daran Spaß zu haben. Auch eine Kleinfamilie kann zu Hause tanzen.

In jeder Familie haben Eltern bestimmte Musikvorlieben, die sich oft auf die Kinder übertragen. Ebenso gibt es Kinderlieder auf Kassette, die von den Kindern favorisiert werden.

Am besten suchen Sie sich diese einmal gemeinsam zusammen, hören an einem verregneten Sonntagnachmittag hinein und überlegen miteinander, welche Tanzideen Sie dazu haben.

In diesem Buch stecken eine Fülle von leicht übertragbaren, sowohl einfachen als auch anspruchsvollen Ideen, die nur darauf warten, in Ihrem Wohnzimmer ausgeführt zu werden.

Damit wären wir bei der Suche nach einem geeigneten Tanzumfeld. Zu Hause kann es jeder Raum sein, in welchem man mit ein paar Handgriffen die Möbel zur Seite schieben kann, um dann eine freie Fläche in der Mitte des Raumes zu bekommen. Dazu noch ein Kassettenrecorder. Mehr brauchen Sie nicht!

Ich habe den Kreativen Kindertanz auch schon zu anderen Familienereignissen eingesetzt. Es gab einmal eine Hochzeit in unserem Freundeskreis, zu dem sich die vielen Kinder eine kleine Vorführung mit ihren Lieblingstänzen ausdachten. Heimlich wurde geprobt und in einem eigentlich viel zu kleinen Wohnzimmer wurden Lieder und Tänze vorgetragen.

Andere Feste wie Kindergeburtstage, eine gemeinsame Faschingsparty oder andere große Feiern mit vielen Eltern und Kindern können durch den gemeinsamen Tanz einen besonderen Rahmen bekommen.

 # Tanzen in der Natur

Zu einer Urlaubswoche auf dem Bauernhof nahm ich mir angesichts der Tatsache, dass unsere Familien schon sieben Kinder umfassten, einige Tanzideen und Musikkassetten für das Kreative Kindertanzen mit.

Natürlich hatten wir keinen großen Raum zur Verfügung. Uns erwartete etwas viel Besseres: eine große Wiese, Wälder und Felder, Koppeln und Tiere um uns herum. Wir waren der Natur so nah wie nie (vor allem wir Stadtmenschen).

Wir tanzten jeden Abend in der letzten Stunde, bevor die Sonne hinter dem Wald verschwand. Es war eine ganz besondere Stimmung. Wir hatten ganz neue Empfindungen und das Gefühl von Freiheit in uns. In den anschließenden Reflexionsrunden erklärte die immer größer werdende Tanzgruppe, wie sehr sie sich plötzlich mit der Natur verbunden fühlte und im Tanz aufging. Auch andere Gedanken über sich selbst und das Leben auf dieser Erde entwickelten sich.

Ich erlebte das Gefühl des Loslassens, der Harmonie und das Erleben der Umwelt nie intensiver als in dieser Zeit.

Kreativer Kindertanz kann sehr gut im Freien, d.h. auf einer Wiese, in einem ausreichend großen Garten oder einem anderen Grundstück ausgeführt werden.

Pädagogische Einrichtungen können dies an Ausflügen, Festen mit Eltern und Kindern, im Garten der Einrichtung oder einem anderen geeigneten Grundstück im Grünen versuchen.

Die notwendigen Materialien kann man ohne Probleme mitnehmen. Als Musikquelle eignet sich wieder ein Kassettenrecorder mit Batteriebetrieb oder ein Autoradio/Kassettenrecorder.

Wir öffneten einfach alle Türen des betreffenden Autos und erhöhten die Lautstärke, so dass wir eine genügend laute Begleitmusik hatten (in der Nähe von Wäldern usw. die Musik nicht zu laut und nicht zu spät aufdrehen).

Wenn sich in der Nähe eine Stromquelle befindet, kann man sich auch mit einem Verlängerungskabel behelfen.

Falls sich Ihnen einmal die Möglichkeit bietet, Kreativen Kindertanz in der freien Natur zu erleben, dann sollten sie es wirklich einmal ausprobieren. Es ist ein ganz besonderes Erlebnis!

## Überlegungen zum Umgang mit diesem Buch

Ich habe den nun folgenden konkreten Tanzideen einen längeren Theorie- und Methodikteil vorangestellt. Dies tat ich in der Intention, Erziehern, Lehrern, Tanzlehrern, Kulturschaffenden, Gruppenleitern, Eltern und anderen den Einstieg in den Kreativen Kindertanz zu erleichtern. All jene, die auf diesem Gebiet bereits Erfahrungen gesammelt haben, mögen mir meine detaillierte Einführung verzeihen.

Allen Tänzen, die im Folgenden vorgestellt werden, gehen Angaben zur Gruppengröße, zum Alter der Kinder und zur Musik voraus. Hierbei handelt es sich um Empfehlungen. Bei der Musik gebe ich z.B. immer an, welcher Rhythmus für den vorgeschlagenen Tanz sinnvoll ist. Sollten Sie daher über die von mir empfohlene Musik nicht verfügen, so finden Sie auf diese Weise sicher das richtige Musikstück aus Ihrem eigenen Repertoire.

Aber nicht nur die Musik ist ersetzbar! Alle Beispiele sind als Tanzideen zu verstehen, die vielfältig abwandelbar und erweiterbar sind. Wenn Sie mit dem Kreativen Kindertanz beginnen, ist es für Sie vielleicht eine große Hilfe, wenn Sie sich anfangs erst einmal nach diesen praktischen Beispielen richten können. Schon bald aber werden Sie Lust bekommen, diese Tänze zu variieren und eigene Tanzideen mit Ihrer eigenen Musik zu entwickeln! Haben Sie Mut, sich von den Vorlagen zu lösen und gemeinsam mit Ihren Kindern das Tanzen zu entdecken! Hierzu wünsche ich Ihnen viel Spaß!

# RHYTHMISCHES TANZEN

Bei dieser Tanzform lernen Kinder, ihren Körper im Takt und Rhythmus zu bewegen, ihn zu fühlen und das, was sie spüren, in Bewegungen umzusetzen. Bei diesen Tanzeinheiten handelt es sich meist um einfache Übungen und Tänze, die sich sehr gut für die ersten »Tanzstunden« oder auch für jüngere Kinder einsetzen lassen.

## TROMMELTANZ

Gruppengröße: Drei bis zwanzig Kinder
Alter: Zwei (in vereinfachter Form) bis elf Jahre
Musikrichtung: Rhythmische, mittelschnelle Trommelmusik. Z.B. von Guem et Zaka aus der LP/MC/CD *Best Of Percussion* das Lied »Le Serpent«.

Die Gruppe steht locker um den Tanzleiter. Zuerst wird besprochen, welche Körperteile sich zu dieser Musik im Takt schwingen, schütteln und bewegen lassen.
Z.B.: Kopf, Oberkörper, Becken, Arme, Beine, Bauch, Fuß, Hände – entweder allein oder in Kombination miteinander.

Wer möchte, kann die Körperteile einmal »durchkreisen« lassen.
Danach wird der »Taktstock« eingeführt. Dasjenige Kind, das den Taktstock bekommt, wird zum »Vortänzer«. Wenn dieses Kind seinen Taktstock fallen lässt, kann ihn ein nebenstehendes Mitglied der Gruppe an sich nehmen und der nächste »Vortänzer« sein.

### Anmerkung:

Als Taktstock kann man einen Zauberstab, ein Stück abgesägten, selbst verzierten Besenstil oder eine Papierrolle, die mit Federn, Stoff und Glitzer verziert wird, verwenden.

 # Stop and go

Gruppengröße: Fünf bis fünfzehn Kinder
Alter: Drei bis zehn Jahre
Musikrichtung: Rhythmische, mittelschnelle Musik. Z.B. von Rondo Veneziano oder Georg Michael aus der LP/MC/CD *Faith*, das Lied »Father Figure«. Nach 2 Minuten ausblenden.

Die Kinder stellen sich bei diesem Tanz vor, dass ein unsichtbarer Zauberer große Macht besitzt. Er kann alles auf der Erde zum Stillstehen bringen. Die Tanzgruppe wird nun aufgefordert, zur Musik zu tanzen. Doch plötzlich stoppt die Musik und der Zauberer hat wieder zugeschlagen. Alle Kinder sind verzaubert und müssen aus der Bewegung heraus stehen bleiben. Der Zauber ist aufgehoben, wenn die Musik wieder beginnt. Der unsichtbare Zauberer versucht es immer wieder!

### Anmerkung:

Man kann den Kindern auch verschieden schwierige Vorgaben machen, wie z.B. im »Galopp« zu laufen, zu klatschen usw.
Diese Tanzidee eignet sich sehr gut für Anfänger.

# DER KLATSCHTANZ

Gruppengröße: Sechs bis sechzehn Kinder
Alter: Sechs bis elf Jahre
Musikrichtung: Mittelschnelle, mitreißende, flotte Musik (am besten das eigene Lieblingsstück aussuchen). Z.B. von Sting aus der LP/MC/CD *Best Of Sting – Fields Of Gold* das Lied »If You Love Somebody Set Them Free«.

Die Gruppe wird angeregt, hopsend, hüpfend, Arme und Beine weit von sich schlenkernd durch den Raum zu tanzen. »Seid so ausgelassen wie möglich – aber tanzend! Lasst alles heraus! Alle Freude, alles Angestaute, alles Positive und Negative!«
Nun suchen die Tänzer immer wieder neuen Blickkontakt zu anderen Gruppenmitgliedern. Sie tanzen auf diese zu und »klatschen« sich mit über dem Kopf ausgestreckten Armen gegenseitig die Hände »ab«. Danach dreht sich jeder um und tanzt in eine neue Richtung weiter ... Wer mag, kann kräftig im Takt zur Musik mitklatschen.

## Anmerkung:

Das ausgewählte Stück ist sehr rhythmisch und mitreißend. Dies ist für das *Rhythmische Tanzen* und die Begeisterung, die sich in der Bewegung ausdrücken soll, sehr wichtig. Falls die Tanzidee an einem Elternnachmittag oder aus anderem Anlass vorgeführt werden soll, können die Zuschauer zum Mitklatschen aufgefordert werden, oder sie bekommen Trommeln und Rasseln zur Begleitung.
In einer Gruppe mit Tanzanfängern oder bei jüngeren Kindern sollte das »Abklatschen« einmal ohne Musik ausprobiert werden.

 # INDIANERPOWOW

Gruppengröße: Zehn bis fünfzehn Kinder
Alter: Sechs bis zehn Jahre
Musikrichtung: Indianerfolklore, wie sie sich z.B. auf der CD *Indians – Sacred Spirit* von Virgin findet. Hier bietet sich ganz besonders das Lied »Ly-O-Lay Ale Loya« an.

Ein kurzes Vorgespräch über Indianer und ihre Bräuche sollte dem Tanz vorausgehen. Dieser Tanz besteht aus einem vorgegebenen Rahmen und einem von den Kindern erarbeiteten Teil.
Die Gruppe stellt sich in Kreisform auf. Am Anfang der Musik ist das Rauschen des Windes und eine Bassmelodie zu hören. In dieser Phase können die Kinder die Arme langsam zum »Himmel« erheben und sie sanft hin und her »streicheln«.

Wenn sich das zweite Grundthema mit Schellenklängen ankündigt, wippen die Tänzer zuerst auf der Stelle auf und ab, dann lassen sie die Hände von oben nach unten zu den Fußspitzen ziehen. Diese Bewegung kann öfters wiederholt werden. Später kann die Gruppe sie im Kreis gehend wiederholen. Man kann ebenso geschlossen zur Mitte tanzen oder in Kreisform einen typischen »Indianerhüpfer« gestalten. Es gibt dazu unzählige Varianten, die mit den Kindern gemeinsam erarbeitet werden können.

### Anmerkung:

Indianertänze sind bei den Kindern sehr beliebt. Für eine Aufführung oder einen besonderen Anlass kann die Gruppe als Indianer geschminkt und verkleidet auftreten. Vielleicht gibt es einen Baum ö.ä., um den herum getanzt werden kann.

# Ausdruckstanz

Eigentlich ist das Wort »Ausdruckstanz« ein anderer, etwas weitläufigerer Begriff für Kreativen Tanz. Doch für mich ist es auch die Bezeichnung für einen Bereich, in dem das Ausdrücken und Tanzen von Gefühlen oder Gegebenheiten verstärkt gefördert wird. Weiterhin eignet er sich gut, um sich einen ersten Eindruck über die Charaktere der einzelnen Tänzer zu verschaffen.

## Ellenbogentanz

Gruppengröße: Drei bis zwölf Kinder
Alter: Vier bis elf Jahre
Musikrichtung: Rhythmische, mittelschnelle Musik mit lautem und leisem bzw. stakkatoartigem, auch aggresiv angehauchtem Thema. Z.B. von Gabrielle Roth And The Mirrors aus der LP/MC/CD *Initiation* das Stück »Staccato«.

Im Vorgespräch wird bei den Kindern erfragt, ob sie schon einmal Wut hatten und sich so richtig über irgendetwas oder -jemand geärgert haben.

Aus dem daraus resultierenden Gespräch kann der Tanzleiter mit der Gruppe erarbeiten, wie sich Wut äußert.

Im Anschluss daran versucht jeder Tänzer, seine Vorstellung von einem wutbelasteten Erlebnis oder Gefühl mit den Ellenbogen wegzukämpfen (die Kinder schlagen dabei so richtig aus und stampfen mit den Füßen auf den Boden). Vielleicht traut sich das eine oder andere Kind auch ein paar wütende Schreie zu.

## Anmerkung:

Zu diesem Tanz braucht man entweder viel Platz oder eine relativ kleine Gruppe, um einer Verletzungsgefahr vorzubeugen.

Bei einer zu großen Gruppe kann es zu einer Eskalation kommen.

# GERÄUSCHETANZ

Gruppengröße: Drei bis fünfzehn Kinder

Alter: Fünf bis elf Jahre

Musikrichtung: Verschiedene Geräusche aus dem täglichen Leben werden auf Kassette aufgenommen (es gibt auch fertige Tonträger wie z.B. die dem Spiel *Hör – was ist das?* beiliegende Single, die im Ravensburger Verlag erschienen ist).

Wenn die Situationen und Geräusche nicht schon beim Aufnehmen der Kassette besprochen worden sind, müssen sie vorher mit den Kindern erarbeitet werden: Man sollte besprechen, wie sich z.B. ein Klingeln des Weckers, Verkehrslärm, Tellerspülen, ein Traktor, ein Föhn usw. in Bewegung und Tanz umsetzen lassen.

## Anmerkung:

Das Ganze ist ein sehr experimentelles Vorhaben, das etwas Erfahrung von Seiten des Anleiters und der Tänzer erfordert.

# LEICHT WIE EINE FEDER

Gruppengröße: Sechs bis fünfzehn Kinder
Alter: Fünf bis elf Jahre
Musikrichtung: Ruhige, fließende Melodie, z.B. von Deuter die LP/ MC/CD
*Land Of Enchantment* oder Lieder von Vollenweider.

Zuerst werden den Kindern Federn gezeigt, die eventuell in einem schönen
Tuch transportiert wurden und nun ausgebreitet vor ihnen liegen. Die
Gruppe wird angeregt, über die Art und Beschaffenheit der Federn zu
sprechen.
Sie schweben, tänzeln, wippen von links nach rechts, trudeln und lassen sich
von uns oder dem Wind wegpusten.
Um die Tanzidee auszuführen, teilen sich die Tänzer in Zweiergruppen:
Jedes Paar unterteilt sich in einen »Windtänzer« und in einen »Federtänzer«.
Der Wind treibt die Feder tanzend und pustend immer wieder in neuen
Variationen an. Später werden die Rollen gewechselt. Zuletzt kommt der
große Besen (Tanzleiter) und kehrt die »Federn« alle zusammen.

# ADLERFLUG

Gruppengröße: Drei bis fünfzehn Kinder
Alter: Vier bis elf Jahre
Musikrichtung: Ruhige, fließende Musik, die nach Möglichkeit durch Wind-
geräusche ergänzt wird. Z.B. von der Gruppe Gabrielle Roth And The
Mirrors aus der LP/MC/CD *Initiation* das Stück »Stillness« oder aus der
CD *Indians – Sacred Spirit* das Stück »Ta-Was-Ne«. Ebenso von der Gruppe
Pink Floyd aus der LP/MC/CD *Wish You Were Here* das Lied »Shine On
You, Crazy Diamond« (Part Two).

Im Vorgespräch wurde bereits über die Art, wie Adler fliegen, gesprochen. Nun soll sich die Gruppe vorstellen, auf einem hohen Gipfel zu stehen, als Adler durch die Lüfte zu kreisen und nach weiterem Flug im Tal zum Ende des Liedes auf einem Baum zu landen.

# DER MONDSTREICHLER

Gruppengröße: Drei bis fünfzehn Kinder
Alter: Vier bis elf Jahre
Musikrichtung: Entweder mittelschnelle Instrumentalmusik oder aus der CD
*Indians – Sacred Spirit* von Virgin das Lied »Gitchi-Manidoo«

Wenn Sie für diesen Tanz die »Indianermusik« gewählt haben, sollte ein kurzes Gespräch über Indianer und ihre Bräuche geführt werden. Danach wird die Geschichte erzählt.

»Stell dir vor: Du bist nachts aus deinem Zimmer spaziert und hast den Mond in deinem Garten gesehen. Er hat geweint, er wollte die schlechten Dinge auf der Welt nicht mehr sehen. Du wolltest ihn trösten und hast ihn ganz liebevoll gestreichelt.«

Nun sollen die Tänzer im Rhythmus des Liedes weiche, runde Bewegungen machen, als ob sie den »traurigen Mond« streichelten. Vielleicht fallen den Kindern auch noch andere Ideen ein, den Mond zu trösten.

**Anmerkung:**

Bei dem Lied »Gitchi-Manidoo« sollte man die Länge der Aufnahme auf das entsprechende Alter der Gruppe abstimmen und früher ausblenden (im Normalfall 3 Minuten, eventuell auch mehr).

Ich habe diese Tanzeinheit einmal unter freiem Himmel, umgeben von Wald und Feldern bei Abenddämmerung getanzt. Die Atmosphäre und Stimmung waren noch um ein Vielfaches verstärkt. Die Kinder sagten, es sei auch deshalb so schön gewesen, weil der Himmel so gut passte.

 # Der wachsende Baum

Gruppengröße: Fünf bis fünfzehn Kinder
Alter: Fünf bis elf Jahre
Musikrichtung: Ruhige Instrumentalmusik, eventuell ruhige klassische Musik. Z.B. von Gabrielle Roth And The Mirrors aus der LP/MC/CD *Initiation* das Lied »Flowing«.

In einem kurzen Vorgespräch wird erarbeitet, wie ein Samen in die Erde fällt und ein Baum ganz langsam daraus wächst. Die Kinder legen sich anschließend als Samenkorn auf den Boden und wachsen ganz langsam Zentimeter für Zentimeter zu einem großen Baum heran. Zuletzt streckt er seine Äste weit von sich und wiegt sich sachte im Wind.

## Anmerkung:

Für manche Kinder ist das langsame Wachsen noch sehr schwierig, dieser Tanz kann später mit einem Hinweis auf das langsame Wachsen wiederholt werden.

# Meine Hände sind verzaubert

Gruppengröße: Drei bis fünfzehn Kinder
Alter: Fünf bis elf Jahre
Musikrichtung: Fließende, mittelschnelle Instrumentalmusik oder Klassik.
Z.B. aus der *Feuerwerksmusik* von Händel der Abschnitt »Bourrée; Menuett«.

Zu Anfang wird über das Thema »Hände« gesprochen: Wozu sind sie da? Was kann man mit ihnen alles tun? Kann man mit ihnen spielen?
Die Tanzleitung beginnt nun zu erarbeiten, welche Ideen (hier sind noch viele weitere Ideen denkbar) die Kinder zu folgenden Versionen haben:

❏ Eine Hand geht auf die andere zu, will mit ihr spielen, diese will zuerst nicht ...
❏ Eine Hand lädt die andere zum Tanzen ein
❏ Plötzlich verwandeln sich beide Hände in Tiere

## Anmerkung:

Nach der Durchführung können freiwillige Handtänzer ihre Ideen zeigen.

# Achtung, Feuer!

Gruppengröße: Zehn bis fünfzehn Kinder
Alter: Fünf bis elf Jahre
Musikrichtung: Musikstück mit steter dynamischer Steigerung des Motivs oder Rhythmus, wenn möglich sollte das Thema des Stückes »gefährlich« anmuten: z.B. von der Gruppe Gabrielle Roth And The Mirrors aus der LP/MC/CD *Initiation* das Lied »Feet«.

In einer Scheune bricht Feuer aus. Zuerst ist es nur ein kleines Zünglein, dann flackert und zuckt es. Es wird größer und gefährlicher. Dann schleicht es durch die Hütte und entzündet alles, was es erreichen kann.
Diese Situation wird vorgegeben. Die tänzerische Umsetzung kann kurz besprochen werden.
Zuerst versucht jedes Kind auf seine Weise, eine kleine Flamme des Feuers darzustellen.
Im zweiten Motivteil des Tanzes verbinden sich die einzelnen Feuerzungen zu einem großen Feuertanz. Alle flackern, zischeln usw. ... Die einzelnen Tänzer verbinden sich mit den anderen Gruppenmitgliedern tänzerisch zur Gesamtflamme.

# Der traurige Clown

Gruppengröße: Drei bis fünfzehn Kinder
Alter: Fünf bis elf Jahre
Musikrichtung: Traurige, getragene Musik, am besten instrumental. Z.B. von Tôsa Suihô das Thema »Frühling« oder irische, getragene Volksmusik. Ebenso eignet sich ein getragenes Querflöten-, Saxophon- oder Klarinettensolo.

Man kann auch von der Gruppe Supertramp aus der LP/MC/CD *Even In The Quietest Moments* das gleichnamige Lied auswählen, es sollte recht leise eingespielt und vor dem lauten Teil ausgeblendet werden.

Zuerst wird mit der Gruppe erarbeitet, wie ein Clown aussieht, wer schon einmal einen gesehen hat und wie er sich bewegt.

Die Clowns sind zuerst noch ganz lustig und laufen in Clownsmanier durch den Raum, rempeln andere an usw.

Dann muss sich jeder von den anderen verabschieden, was den Clown plötzlich sehr traurig macht. Sein Lachen verschwindet von seinem Gesicht. Wie könnte der Clown nun aussehen, was könnte er tun?

Dieser Teil soll nun von den Kindern zuerst im Gespräch und dann in der Praxis erarbeitet und tänzerisch umgesetzt werden.

Die einzige Vorgabe dazu: Es wird nicht geredet, nur die Mimik und Gestik zählt!

Der Clown kann z.B. sehr langsam mit gesenktem Blick laufen, sich hinsetzen und sich traurig umschauen, die Hände vors Gesicht schlagen oder sich pantomimisch Tränen aus dem Gesicht wischen. Die Kinder können sehr langsam und getragen tanzen und dabei den Körper »hängen lassen« ...

Beim Ausblenden der Musik legen sich die traurigen Clowns schlafen.

### Anmerkung:

Dies ist eine sehr pantomimische Tanzidee, die sich eher für ältere Kinder eignet, doch sollten Sie die Fähigkeiten Ihrer Gruppe selbst ausprobieren.

 # DER REGENTANZ

Gruppengröße: Zehn bis fünfzehn Kinder
Alter: Fünf bis elf Jahre
Musikrichtung: Indianerfolklore wie z.B. von der CD *Indians – Sacred Spirit* das Lied: »Heya-Hee«

Mit den Kindern wird folgende Situation besprochen:
Seit langer Zeit hat es bei den Indianern nicht geregnet. Nun brauchen sie dringend Wasser. Deshalb versammelt sich der ganze Stamm um den Medizinmann, der mit allen Kriegern einen Regentanz abhält.
Dann wird gemeinsam erarbeitet, wie ein Regentanz aussehen könnte. Beispiel: Die Gruppe stellt sich in einer Schlange hintereinander auf. Ein Kind wird zum »Medizinmann« ernannt, es führt die Gruppe an und macht erarbeitete Schritte und Gesten vor. Zuerst könnten die Tänzer mimisch und mit Gesten die Dürre und das Leiden ausdrücken. Dann folgt ein Tanzteil, in dem die Tänzer um Wasser bitten, und zuletzt könnten sie darstellen, wie es plötzlich regnet und alle jubeln und vor Freude wild durcheinander tanzen.

### Anmerkung:

Wenn Sie keine »Indianermusik« haben, können Sie sich diese auch selbst mit der Tanzgruppe vorher gestalten.
Es könnte z.B. ein Werk mit Indianergesang, Rasseln oder Regengeräuschen auf Kassette aufgenommen werden.

# Meditatives Tanzen

Diese Tanzform strebt im Prinzip dieselben Ziele wie die Meditation an: Entspannung, zur inneren Mitte finden, den Körper bewusst wahrnehmen und Konzentrationsfähigkeit erlernen.

Sehr große Bedeutung erlangt der Meditative Kreativtanz in der Bewältigung und dem Abbau von stressbedingten Zuständen kindlichen Bewusstseins. Der Vorteil im Kreativen Tanz liegt in der aktiven Form, die auch zappelige und lebhafte Kinder anspricht.

## Sanfte Hände

Gruppengröße: Drei bis fünfzehn Kinder
Alter: Vier bis zehn Jahre
Musikrichtung: Ruhige, meditative Musik von Deuter, Kitaro oder Vollenweider; oder z.B. das Lied »The Dream« von Rick Wakeman aus der MC/CD *Aspirant Sunset*.

Die Kinder liegen mit dem Rücken auf dem Boden. Der Tanzleiter lässt die Musik zuerst eine Zeit lang auf die Kinder wirken, um dann ein langes Schwungtuch oder anderes Tuch immer wieder sanft über die Körper der Kinder gleiten zu lassen.

**Anmerkung:**

Je nach Alter und Konzentrationsfähigkeit das Musikstück nach 3 – 4 Minuten ausblenden und beenden. Besonders schön ist diese Tanzidee im Sommer, wenn die Kinder weniger bekleidet sind und sie das Tuch an Armen und Beinen spüren können.

# URLAUB AM MEER

Gruppengröße: Drei bis fünfzehn Kinder
Alter: Vier bis elf Jahre
Musikrichtung: Ruhige, weiche und entspannende Musik (so genannte Meditationsmusik). Am schönsten wäre ein Stück, in dem man das Meer oder Wellenschlagen hört.
Z.B. von Alan Stivell Irish Melodies/Scottish and Breton Music von der MC/LP/CD *Renaissance Of The Celtic Harp* das Stück »YS«.

Zuerst werden die Kinder gefragt, wer schon einmal Urlaub am Meer gemacht hat und was sie daran am schönsten gefunden haben. Wahrscheinlich fanden die meisten Kinder das Spielen und Baden am Strand am schönsten.

Dann wird die Situation vorgegeben:
»Ihr sitzt am Strand. Macht die Augen zu! Versucht den Sand mit euren Fingern zu spüren, mit ihm zu spielen. Versucht das Meer vor eurem inneren Auge zu sehen, euch vorzustellen, wie es eure Füße umspült.«

Die Tänzer sitzen im Raum verteilt in einer bequemen, aber aufrechten Haltung und lassen ihre Hände durch das »Wasser« und den »Sand« gleiten.
Die Augen bleiben, wenn möglich, wegen der besseren Konzentration geschlossen.

**Anmerkung:**

Diese meditative Einheit kann sehr intensiv ablaufen. Danach möchten sich die Kinder ausführlich austauschen und es können wunderschöne Visionen ans Tageslicht kommen. Wichtig für diese Übung ist ein störungs- und lärmfreier Raum.

# BLÄTTER IM WIND

Gruppengröße: Sechs bis sechzehn Kinder
Alter: Vier bis elf Jahre
Musikrichtung: Fröhliche, mittelschnelle, meditative Musik von Vollenweider, Deuter oder Rick Wakeman, wie z. B. das Lied »From Here To Here« aus der LP/MC/CD *Cicata* von Deuter.

Es wird Herbst. Die Bäume verlieren ihre Blätter. Der Wind entreißt sie und schickt sie auf eine lange, tanzende Reise.
Die Tanzgruppe steht zu dieser Tanzidee seitlich hintereinander mit ausgestreckten Armen in einer Kreisform. Alle Kinder halten sich im Mittelpunkt gemeinsam an einer Hand fest. Von oben betrachtet entsteht eine Sternform. Die Gruppe stellt am Baum hängende Blätter dar. Sie wiegt sich eine Zeit lang leise im »Wind« hin und her.
Nun kommt der Wind (zu Anfang der Tanzleiter, später können auch Tänzer den Wind spielen) und pustet kräftig ein Kind nach dem anderen von den Ästen herunter.

Diese fliegen, taumeln, schweben, tänzeln in einem langen Blättertanz zu Boden und bleiben dort bis zum Ende der Melodie liegen.

**Anmerkung:**

Diese Tanzeinheit gehört für mich zu einer der schönsten gruppendynamischen Übungen. Die Kinder empfinden diese als sehr beruhigend und sind über das Gemeinsame sehr glücklich.

 # Im Nebel

Gruppengröße: Drei bis fünfzehn Kinder
Alter: Vier bis elf Jahre
Musikrichtung: weiche, ruhige, langsame Meditationsmusik. Man sollte den Eindruck gewinnen, dass die ganze Welt im Nebel liegt. Z.B. gelingt dies gut mit dem Stück »Oxygene« (Part 5) von Jean Michel Jarre aus der gleichnamigen LP/MC/CD.

Die Gruppe wird zu Anfang gefragt, ob sie sich an einen sehr nebeligen Tag erinnern kann. Darauf werden viele Kinder von ihren Erlebnissen und von der Besonderheit eines solchen Tages erzählen.
Nun sollen sich die Kinder vorstellen, dass im Tanzraum ein dicker, wallender, weißer Nebel herrscht. Die ganze Welt wird plötzlich leiser, langsamer und bewusster.
Das erfährt auch die Tanzgruppe, sie kann nur noch sehr langsame Bewegungen und Tanzschritte ausführen – alles geschieht in Zeitlupe.

**Anmerkung:**

Diese Tanzidee eignet sich am besten in der Herbstzeit, in der es oft Nebel gibt und die Kinder ihm erst kürzlich begegnet sind.

# Wallende Tücher

Gruppengröße: Zehn bis fünfzehn Kinder
Alter: Vier bis elf Jahre (in veränderter Form auch für jüngere Kinder geeignet, siehe Anmerkung)
Musikrichtung: Meditative, fließende, ruhige Meditationsmusik bzw. Instrumentalmusik. Z.B. eignet sich das Stück »Floating Cloud« von Rick Wakeman aus der LP/MC/CD *Aspirant Sunset* sehr gut. Eine andere Möglichkeit wäre aus der LP/MC/CD *Wish You Were Here* von der Gruppe Pink Floyd das Lied »Wish You Were Here Part I« (vor dem lauteren Teil ausblenden, das Lied zweimal hintereinander aufnehmen).

Material: Ein großes Tuch von der Mindestgröße eines Bettlakens, eventuell auch zwei gefärbte, aneinander genähte Bettlaken. Ebenso eignet sich ein breiter Meterwarenstoff, den man in schönen Mustern kaufen kann.

Zuerst wird die Gruppe aufgefordert, gemeinsam das große Tuch sehr vorsichtig zur Musik zu bewegen (alle halten hierzu den Rand des Tuches fest und stehen in Kreisform).
Nach einer Runde des gemeinsamen Schwingens, in der die Kinder ihre eigenen Ideen und Vorstellungen eingebracht haben, folgt der zweite Teil. Immer zwei Gruppenmitglieder legen sich unter das große Tuch. Die restlichen Kinder schwingen es sehr sorgfältig weiter. Z.B. ist es für die Darunterliegenden sehr angenehm, wenn die Gruppe sich zwischen dem Schwingen immer wieder langsam mit dem Tuch in eine Laufrichtung über den Liegenden dreht.
Ebenso kann es behutsam ganz hoch und wieder bis zum Boden geschwungen werden. Die darunter liegenden Kinder werden dabei sanft berührt und fühlen einen angenehmen Lufthauch.
Nach einer bestimmten Zeit gibt der Gruppenleiter das Zeichen für weitere zwei Kinder, die sich gemeinsam unter das wallende Tuch legen dürfen. Der Wechsel erfolgt so lange, bis alle Kinder an der Reihe waren.

Anschließend geben die Kinder ihre Assoziationen und Phantasien wieder, die sie unter dem Tuch liegend gehabt haben.

**Anmerkung:**

1. Es ist sehr wichtig, vorher mit den Kindern zu besprechen, dass nicht geredet werden soll, um ein meditatives, phantasievolles Erlebnis zu erzielen. Auch der Gruppenleiter versucht seine Anweisungen ohne Worte zu geben, wechselnde Kinder können z.B. angeblinzelt werden.
2. Diese meditative Tanzeinheit eignet sich auch für Zwei- bis Dreijährige, wenn die Gruppe kleiner ist und sich zu Anfang je ein Kind mit seiner Mutter oder einer anderen Vertrauensperson unter das Tuch legt. Es kommt ganz auf die Kinder an. Anschließend kann sich das Kind alleine unter das Tuch legen. Es sollte aber schon Erfahrungen mit Tüchern gemacht haben, sonst ist es zu sehr mit dem Material beschäftigt.

 # DIE VIER HIMMELSRICHTUNGEN

Gruppengröße: Drei bis zehn Kinder
Alter: Fünf bis elf Jahre
Musikrichtung: Langsame, gleichförmige, ruhige Meditationsmusik. Z.B. eignet sich von der Gruppe Karunesh die MC/CD *Heart Chakra Meditation*, und zwar die erste Phase, sehr gut. (Die Tanzidee ist für dieses Stück geschrieben worden. Da die CD aber sehr teuer ist, muss sich jeder selbst überlegen, ob es sich lohnt, sie anzuschaffen. Sie ist eine ganz besonders schöne, vielseitig einsetzbare Meditationsmusik.) Geeignet ist auch von der Gruppe Gabrielle Roth And The Mirrors aus der MC/CD *Initiation* das Lied »Flowing« (ca. 6,5 Minuten).

Wie oben schon erwähnt, ist diese Tanzidee für die Heart Chakra Meditation geschrieben worden und entfaltet ihre besondere Atmosphäre bei dieser Musik. Es liegt ein meditatives Grundsymbol – aus der Chakra Meditation – zugrunde, soll aber nur eine Ableitung davon sein.

Zuerst wird mit den Tänzern über die vier Himmelsrichtungen und die Bedeutung des Ausgewogenen, in Bezug auf die Natur und des menschlichen Körpers, gesprochen. Dann wird der nachstehende Tanz einmal ohne Musik ausprobiert, damit sich die Kinder anschließend auf sich selbst und nicht auf die Abläufe konzentrieren können.

Verwendet man die Chakrameditationsmusik, atmet die Gruppe (man hört gleichmäßiges Atmen auf der CD) viermal langsam und bewusst ein und aus. Wenn die Musik einsetzt, verbeugt sich jeder Tänzer mit den Handflächen über dem Herzen liegend in alle vier Himmelsrichtungen. Dazu drehen sich die Tänzer nach jeder Verbeugung langsam nach links, um sich der nächsten Himmelsrichtung zuzuwenden. Alle Bewegungen werden langsam und bedächtig gemacht.

Nun werden die Arme und Hände in die Ausgangsposition mit den Handflächen nach vorn, von oben nach unten bewegt, als ob man eine Wand abstreichen möchte. Dies geschieht wieder allen vier Himmelsrichtungen zugeneigt (je eine leichte Körperdrehung nach links).

Als nächstes wird in jeder Himmelsrichtung die »Erde« mit den Händen geformt – sie bilden in der Luft einen Kreis.

Dann bewegen sich die Hände horizontal als »Wellen« des Wassers in den vier Positionen.

Zuletzt wird der Mensch symbolisch dargestellt, indem die Kinder sich in den verschiedenen Positionen von Kopf bis Fuß langsam am Körper »abstreichen«. Danach kommen sie zur Ausgangsposition zurück und kauern sich auf dem Boden zusammen, wo sie noch einige Takte in sich gehen, ihren Atem und eventuell ihren Herzschlag spüren.

Der Tanzleiter blendet die Musik langsam aus.

Dieser aktiven Meditationsphase kann ein kurzes Gespräch folgen, in dem die Kinder ihre Eindrücke schildern können.


**Anmerkung:**

Dieses Tanzstück wirkt in der freien Natur besonders auf Kinder (siehe hierzu auch das Kapitel *Der Kreative Kindertanz ist vielfältig einsetzbar*).

# DIE STUNDENBLUME

Gruppengröße: Acht bis fünfzehn Kinder
Alter: Fünf bis elf Jahre
Musikrichtung: Meditative, mittelschnelle Musik, eventuell mit Flöte unterlegt. Z.B. von Karunesh aus der CD/MC *Heart Chakra Meditation* das Stück »The Inner Temple« oder Musik von Vollenweider oder Deuter.

Material: Ein so genanntes »Zauberseil« (elastisches Seil) oder, wenn nicht vorhanden, ein der Gruppengröße entsprechendes Seil oder Tau.

Eine wunderschöne Blume öffnet und schließt ihre Blüte stündlich. Sie ist so berühmt und begehrt, dass Menschen von weit her ihre Schönheit und die Anmut der Bewegung ihrer Blütenblätter bewundern.
Zuerst wird das Zauberseil zu einem Kreis geschlossen und in der Länge so verknotet, dass alle Tänzer mit genügendem Abstand zum Nachbarn daran Platz finden. Dann wird mit der Gruppe überlegt, wie eine Blüte von dieser wunderschönen Blume aussehen könnte und wie man sie tänzerisch darstellen kann.
Z.B. können die Tänzer den elastischen Seilkreis unterschiedlich dehnen: Die Blüte öffnet sich oder schließt sich (je nachdem, ob die Bewegung nach außen oder innen erfolgt).

Am Anfang kann die Gruppe mit dem Seil in der Hand in der Kreismitte ganz eng aneinander kauern und zuerst die Hände in die Höhe strecken und wieder herunterlassen.
Weiterhin könnte jedes zweite Kind des Seilkreises ein paar Schritte vor oder zur Mitte gehen, auch Arm- und Fußstellungen können das Öffnen und Schließen immer wieder durch Heben und Senken symbolisieren. Verschiedene Formen der Fortbewegung wie Laufen, schnelleres Laufen, in der Hocke Gehen oder Hüpfen bringen eine eigene Dynamik und Form in das Tanzstück.

## Anmerkung:

Meist erarbeiten etwas geübte Gruppen die Tanzformen ganz von allein. Hier ist der Anleiter besonders gefordert, die Ideen gemeinsam in eine umsetzbare Form zu ordnen und in die Praxis zu übertragen.

# Tanzgeschichten
## für Anfänger

Tanzgeschichten stellen, wie der Name schon sagt, kleine kindgerechte Geschichten und Episoden dar, die von der Gruppe mit Elementen der Mimik, der Gestik und des Theater-Spielens tänzerisch umgesetzt werden. Sie sind aus der Beobachtung heraus entstanden, dass Kinder von sich aus den ganzen Körper und ihr Gefühlsleben in ihr Tanzen mit einbringen. Diese tänzerischen »Rollenspiele« sind sehr motivierend, formen eine Tanzgruppe und tragen zur Kreativitäts- und Phantasieförderung bei. Es ist dabei sehr wichtig, dass leichtere Tanzideen einfacherer Art wie z.B. *Rhythmisches Tanzen* oder *Ausdruckstanz* den *Tanzgeschichten* vorausgehen. Anschließend können sie darauf aufbauen.

Sie werden sehen, diese Tanzideen machen viel Spaß und begeistern sogar bewegungsmüde oder schüchterne Kinder.

Viele dieser Tänze eignen sich auch für öffentliches Tanzen bei Festen, Elternnachmittagen oder Eltern-Kind-Freizeiten usw.

Da Tanzgeschichten in ihren detaillierten Inhalten schon etwas gebunden sind, ist es für den Tanzleiter wichtig, immer erst eine Tanzidee der Kinder zu erfragen. Oft kommen dabei die schönsten Variationen heraus. Natürlich gibt es auch Gruppen (vor allem bei jüngeren Kindern), die noch nicht so sehr geübt im Einsetzen ihrer Phantasie sind. In dieser Situation empfiehlt es sich, behutsam Anregungen zu geben.

# Wenn Schwäne tanzen

Gruppengröße: Drei bis fünfzehn Kinder
Alter: Vier bis elf Jahre
Musikrichtung: Klassische Musik, am besten einen Walzer, wie z.B. von Tschaikowsky aus dem Werk *Der Nussknacker* das Stück »Der Blumenwalzer«.

»Ihr müsst euch heute vorstellen, dass ihr eine schöne Balletttänzerin seid. Ihr sollt dabei einen weißen, stolzen Schwan spielen, der seinen Hals reckt, den Kopf hochträgt und das Gefieder spreizt. Es ist ein richtig eitler und graziöser Schwan. Ihr könnt in der Luft oder auf dem Wasser tanzen.«
Der Tanzleiter lässt die Kinder zuerst selbständig ausprobieren, danach werden die verschiedenen Improvisationen gezeigt oder besprochen.

**Anmerkung:**

Die Gruppe kann in der zweiten Phase auch ein ganzes Schwanenballett darstellen.

 # Hexen-Besen-Tanz

Gruppengröße: Sechs bis sechzehn Kinder
Alter: Vier bis elf Jahre (vereinfacht auch ab drei Jahren)
Musikrichtung: Schnelle, lustige Musik, die in ihrer Art zu einem Hexentanz passen könnte. Z.B. von der LP/MC *Kinder Kinder Dracula Rock* 2 (Pläne-Verlag 8561) das Stück »Hexentanz« (instrumental) von Frederik Vahle oder das gleichnamige Lied von seiner LP *Friedensmaler* Fidula Fon (MC 8311, LP 8831).
Ebenso ist eine Polka möglich.

Material: Pro Kind ein Kopftuch oder einen bunten Schal und einen Gymnastikstab oder passenden Ast als Hexenbesen.

Das obengenannte Stück ist nur 1,08 Minuten lang, deshalb sollte es je nach Gruppenalter zweimal hintereinander aufgenommen werden.

## Zuerst wird die Geschichte erzählt:

Alle Junghexen treffen sich in der Valpurgisnacht an einem besonders hohen, zugigen Berg. Dort beraten sie ihre neuesten Streiche gegen die alten, langweiligen Wald- und Wiesenhexen.
Natürlich reiten sie alle auf ihren Hexenbesen an. Auch die modernen Hexen tragen auf ihren Flügen gerne ein lustiges Kopftuch.
Nach einem anstrengenden Hinflug müssen sie sich zuerst etwas ausruhen, ehe sie mit ihrer neuesten Hexenbesprechung beginnen. Schnell werden sie sich einig und beginnen mit dem schönsten Teil des Festes: dem Hexentanz auf dem Besen!
Und los geht es bei stürmischer Nacht immer im Kreis herum. Doch es wird nicht nur wild geflogen, es wird auch getanzt. Immer wieder lässt sich eine neue Hexe einen lustigen Tanzschritt mit dem Besen einfallen.

Manchmal tun sich zwei Hexen zusammen und fliegen als Paar zum Tanze. Immer wieder hört man Hexensprüche, dann stehen sie zusammen, schwenken ihre Zauberstäbe und rufen »Abrakadabra, dreimal grüner Vater!«

Doch irgendwann gegen Morgen sind die jungen Hexen so müde, dass sie nur noch heimflattern. Jede muss dabei gewaltig aufpassen, dass sie nicht vor Müdigkeit vom Besen fällt.

## 1. Phase:

Zuerst wird mit der Tanzgruppe über die Geschichte gesprochen. Viele Kinder können dazu bekannte Geschichten über andere Hexen beitragen. Das Thema kann in einem kurzen Rollenspiel vertieft werden. Dann werden die Hexenbesen ausgeteilt und die Kinder können erstes »Fliegen« auf dem Besen improvisieren.

Hinweis: Diese einfache Tanzeinheit eignet sich auch für dreijährige Kinder.

## 2. Phase:

Am Anfang steht wieder die Ideen- und Probierphase der Gruppe. Das oben angegebene Musikstück besteht aus zwei musikalischen Motiven. Im ersten Teil können die Tänzer z.B. im Kreis herum auf dem Besen fliegen oder als Steigerung nach kurzer Zeit Wechselschritte ausprobieren. Weiterhin können sich Paare bilden. Diese entscheiden über ihre Tanzformen individuell und spontan.

Beim Motivwechsel des Liedes stehen die Hexchen in loser Kreisform in der Mitte des Raumes, rufen ausgedachte Zaubersprüche und schwenken imaginäre Zauberstäbe. Danach wird wieder weitergetanzt.

#  Die schlafende Katze und die Mäusebande

Gruppengröße: Zehn bis fünfzehn Kinder
Alter: Vier bis elf Jahre
Musikrichtung: Mittelschnelle, fröhliche Folkloremusik, z.B. von Angelo Branduardi aus der LP/MC/CD *Best Of Angelo Branduardi* das Lied »Cogli la prima mela«.

## Vorweg wird die Geschichte von der streithaften Mäusebande und dem Kater des Hauses erzählt:

Der Hauskater »Tiger« ist sehr gefährlich und faucht immer wieder die Mäuse so laut an, dass sie schnell in ihr Mauseloch flüchten. Auch seine Tatzenschläge sind sehr gefährlich. Er ist der gefürchtete Oberaufseher der Speisekammer.

Nur des Mittags, wenn er schläft, trauen sich die Mäuse aus ihren Löchern heraus und tanzen wie erlöst durch das Haus. Nun sind sie glücklich und frei, alle Angst ist verschwunden. Ein paar ganz freche Mäuse wagen sich sehr nahe an den Kater heran. Doch was ist das? Sie sind nach kurzer Zeit so übermütig, dass sie ihn sogar stupsen. Natürlich wacht er auf und beginnt sofort, die Mäuse zu verfolgen.

So wäre das immer gewesen, hätte nicht das mutige Mäusemädchen »Majo« eines Tages den Mut gehabt, zu Tiger zu gehen und ihm die Hand hinzuhalten, in der Hoffnung auf einen Friedensgruß.

Na, was soll ich sagen? Es hat geklappt und die Mäuse schlossen die Katze in ihren Mäusereigen mit ein!

Nach der Geschichte können die Kinder ihre eigenen Ideen in eine Choreographie umsetzen. Z.B. können die Mäuse in Kreisform oder auch in freier Anordnung um den Kater herum sitzen. Dieser geht von Maus zu Maus und verteilt an die erschreckt zurückweichenden Tierchen Tatzenhiebe. Dabei faucht er fürchterlich.

Die glücklichen, freien Mäuse können in verschiedenen Hopsern und Schritt-formen (jede nach ihrer eigenen Fasson) um die schlafende Katze tanzen. Die Schlussrunde kann z.B. ein schöner Reigen bilden, zu dem sich alle Kinder die Hand geben und in beide Laufrichtungen oder zur Mitte tanzen.

**Anmerkung:**

Diese Tanzidee hat einen sehr verspielten Aufforderungscharakter. Sie eignet sich gut, um mit ihr in das Gebiet der Tanzgeschichten einzusteigen.

# VOGEL IM REGENWALD

Gruppengröße: Fünf bis fünfzehn Kinder
Alter: Vier bis elf Jahre
Musikrichtung: Fröhliche, mittelschnelle Instrumentalmusik, wie z.B. von der Gruppe Gabrielle Roth And The Mirrors aus der MC/LP/CD *Initiation* das Stück »Lyrical«. Ebenso Lieder von Vollenweider.

Material: Pro Kind ein weiches Tanztuch, z.B. ein Halstuch oder selbst bemaltes Seidentuch (90 cm x 90 cm).

Für diese Tanzform gibt es zwei Varianten:

## 1. Freie Form:

Die Tanzgruppe soll sich vorstellen, ein Vogel in einem Regenwald zu sein. Die Kinder können ihre Tücher als Flügel benützen und mit ihnen flattern, fliegen oder sie einfach nur wehen lassen.
Hinweis: auch für Dreijährige geeignet.

## 2. Gebundene Form:

### ◆ *Eine Geschichte wird erzählt:*

Viele Vögel sitzen im Regenwald in ihren Nestern hoch in den Bäumen. Die Sonne geht auf, sie erwachen allmählich, breiten ihre Flügel aus und flattern ein wenig, um munter zu werden. Nun erheben sie sich zusammen mit ihren anderen Vogelfreunden zum Flug durch den Regenwald.

Plötzlich sehen sie einen wunderschönen Schmetterling und fliegen ihm eine Weile nach. Dann entdecken sie einen Wassserfall und rutschen auf ihm herunter. Zuletzt begegnen sie einer frechen Affenbande, die sie jagt, doch die Vögel können ganz einfach entkommen.

Sie fliegen davon, bis in ihre Nester. Dort kuscheln sie sich in ihren Schlafplatz und legen die Flügel um sich, damit sie in der Nacht nicht frieren.

### Anmerkung:

»Fliegen« und »Flattern« stellt eines der elementaren Bedürfnisse der Kinder und Tanzformen des Kreativen Kindertanzes dar.

# Mein Ponypferdchen

Gruppengröße: Vier bis fünfzehn Kinder

Alter: Drei bis sechs Jahre (vereinfachte Form ohne Welchselhüpfschritt = Galoppieren) oder fünf bis elf Jahre (mit Wechselschritt)

Musikrichtung: Mittelschnelle, rhythmische Musik. Z.B. das Lied »Ponypferdchen« von der LP *Fidula Fon 1191* oder der MC *Fidula Fon FC 1* (dies ist ein älteres Musikstück, das man im Fachhandel bestellen kann) eignet sich dafür ganz besonders gut, da es rhythmisch einen Galopp vorgibt und auch der Text (der auch von Kindern gesungen wird) sehr gut dazu passt.

Material: Ein Gymnastikstab oder ein anderer Gegenstand, der sich als Dressurstock eignet.

## Vorbereitung:

Zuerst sollte mit der Tanzgruppe der Wechselschritt (Galopprhythmus des Pferdes) eingeübt werden.

Dann wird folgende Geschichte erzählt:

In der Reitschule findet eine Vorführung der Künste aller Ponys statt. Jedes Tier ist dafür gestriegelt und herausgeputzt worden. Der Reitlehrer führt die Ponys im Kreis herum und lässt sie allerlei Kunststücke vorführen. Jedes Tier gibt an diesem Tag sein Bestes und zeigt sich von seiner schönsten Seite.

## Darauf baut die zweite Phase auf:

Die Kinder besprechen miteinander, wie sie diese Geschichte umsetzen wollen und welche Kunststücke die Ponys vorführen sollen.

Daraus entsteht eine Experimentierphase:

Z.B. können die Tänzer in einer Reihe Aufstellung nehmen und hintereinander über den knapp über den Boden gehaltenen Dressurstab springen, sie können im Galopp, im Trab oder mit erhobenen »Vorderläufen« im Kreis herum laufen ...

### Anmerkung:

Wird die Tanzidee das erste Mal getanzt, übernimmt der Gruppenleiter die Rolle des Reitlehrers, später wechseln sich die Kinder damit ab.

Zu Anfang dieses Tanzstückes ist für viele Kinder das reine Rollenspiel zur Musik wichtig. Dies erweitert sich durch etwas Einflussnahme des Tanzleiters auf neue Tanzideen und das Wahrnehmen und Umsetzen des »Galopprhythmus«. Deshalb sollte das Tanzstück in kleinen Abständen öfters wiederholt werden.

# Mitternacht und Schabernack

Gruppengröße: Zehn bis fünfzehn Kinder
Alter: Fünf bis elf Jahre
Musikrichtung: Je nach Wunsch entweder eine ruhige bis mittelschnelle, leicht gruselig oder mystisch angehauchte Musik. Aber auch eine schnellere Musik wie z.B. das Lied »Dracula Rock« von Frederik Vahle aus der MC/CD *Dracula Rock* oder *Der Friedensmaler.*
Ebenso ist es möglich, selbst eine Gruselmusik herzustellen (siehe Anmerkung).

Material: Pro Kind ein weißes Leintuch oder ein anderes Tuch dieser Größe.

Zu Beginn wird eine kurze Geschichte von einer Geisterbande erzählt, die in Draculas Schloss haust und ihrem Namen alle Ehre macht. Sie ist frech, laut und wild.
Punkt 12 Uhr nachts treffen sich die Geister zum Mitternachtsspektakel im Gruselballsaal und tanzen einen schmissigen Rock'n Roll. Sie wehen mit ihren langen Leintüchern und lassen gar fürchterliches Geheul erklingen, so dass es sogar dem Hausherren »Dracula« zu wild wird.
Nachdem eigene Ideen der Tanzgruppe erfragt worden sind, entsteht eine erste Probierphase, in der vor allem das Schwingen und Handhaben der Tücher geübt wird. Die Leintücher werden entweder um den Hals geknotet oder über den Kopf gezogen (Sehschlitze einschneiden).

## 1. Schnelle Variante: für Sechs- bis Elfjährige

Nach dem Lied »Dracula Rock« von Frederik Vahle aus der MC/CD *Kinder Kinder – Dracula Rock 2* oder von der MC/CD *Der Friedensmaler* (LP 62013, MC 62014).

In dieser Einheit kann in sehr vereinfachter Form Rock'n Roll getanzt werden. Dabei ist eine Schritt- oder Formfolge nicht wichtig. Die einzige Vorgabe besteht darin, dass sich Paare bilden, die sich an einer Hand über Kreuz halten und immer einen Schritt vor und einen zurück ausprobieren. Auch Drehungen und sonstige Ideen sind willkommen.

Dazwischen können sich die Paare immer wieder auflösen und wilde Spuk- und Heulereien veranstalten. Dazu müssen die Leintücher um den Hals geschlungen und verknotet werden, im Einzeltanz können die Kinder damit wehen und schwingen.

## Anmerkung:

Dieses Tanzstück kommt bei älteren Kindern besonders gut an, ihnen gefällt vor allem das schwungvolle und turbulente Tanzen. Die Leintücher werden dabei um den Hals geknotet.

## 2. Langsamere Variante:

Nach dem Lied »Gespensterkind« von Klaus Neuhaus aus der LP/MC *Klaus die Maus* (LP 88461, MC 8461) oder auf der LP/MC *Kinder Kinder – Dracula Rock 2* (pläne Verlag 8561). Oder selbst gemachte Musik.

Der Gespensteropa »Theobald« wird 1000 Jahre alt. Er gibt ein ganz besonderes Mitternachtsgeburtstagsfest. Die Gäste haben ihm zu Ehren einen Geistertanz vorbereitet. Ein Gespenst nach dem anderen schwebt dazu auf die Tanzfläche und führt zusammen mit den immer mehr werdenden Gästen einen wabernden, geschwungenen, schwebenden, luftigen Geistertanz vor. Plötzlich ertönt ein lautes Scheppern und ein nicht eingeladenes Gespenst stürmt herein. Es ist sehr böse und heult alle anderen an. Doch die Mitternachtsbande heult und »huhut« einfach zurück. Zusammen wird weitergetanzt und kräftig gespukt.

Wie in der ersten Variante fängt die Gruppe mit einer Probierphase an. Danach entsteht aus gemeinsamen Ideen die Tanzgeschichte.

In diesem Fall bietet sich an, die Tänzer nacheinander auf das »Tanzparkett« kommen zu lassen. Dort wird mit wehenden Leintüchern ein Geistertanz improvisiert. Das Scheppern in der Geschichte ist auch auf dem Lied zu hören. Dazu tanzt ein einzelnes Kind sehr wütend und heulend zur Tanzgruppe hinzu und wird nach kurzem »Disput« eingegliedert.

Natürlich können die Kinder ihren Tanz mit schaurigem Geheul untermalen.

### Anmerkung:

Wenn Sie die angegebenen Musikstücke nicht zur Verfügung haben, ist es nicht schwer, sich eine eigene Geistermusik vorzubereiten. Daraus könnte – zusammen mit dem Tanz – ein kleines Projekt werden.

## Geistermusik selbst gemacht:

In einem kleinen ruhigen Raum stellt man einen Kassettenrekorder mit einer mittelschnellen zum Thema passenden Instrumentalmusik auf (im Falle der schnellen Variante einen Rock'n Roll).

Auch das Aussuchen der am besten dazu passenden Musik könnte die Projektgruppe übernehmen.

Nun legt man sich verschiedene Geräuschemacher und Instrumente zurecht: z.B. Kastagnetten (selbst gemacht aus zwei Kochlöffeloberteilen, in die Sie Löcher bohren und die Sie mit einem Gummiband verbinden), Schellenkränze, Ratschen, Trommeln, Triangel, kleine Pauke ...

Ein zweiter Kassettenrekorder nimmt nun die mittellaut abgespielte Instrumentalmusik auf, die gleichzeitig immer wieder vom Instrumentenspiel der Kinder und den Geräuschen wie z.B. Heulen, Huhen, Windgeräuschen und Pfeifen untermalt wird.

Eventuell sollte man die Hintergrundmusik jeweils etwas leiser drehen, wenn die Geräusche dazukommen. Das muss man ausprobieren.

# DIE SEEANEMONE

Gruppengröße: Zehn bis fünfzehn Kinder
Alter: Vier bis elf Jahre
Musikrichtung: Ruhige, schwebende, leichte Meditations- oder Instrumentalmusik. Z.B. von der Gruppe Vangelis aus der Filmmusik *1492: Conquest Of The Paradise* das Stück »Monastery Of La Rabida« oder von Deuter aus der MC/CD *Cicata* das Stück »Sky Beyond Clouds« (Dauer fünf Minuten, eventuell vorher ausblenden).

## Die Geschichte:

In einem fernen Meer lebt eine besondere Blume des Ozeans. Es ist die Seeanemone. Ihre zarten, fast durchsichtigen, in allen Farben des Regenbogens schimmernden Arme wehen im glasklaren Wasser. Sie verändert ihre Blüte immer wieder neu, schwebt ruhig in den Gezeiten des Meeres und ist mit ihrem Stängel doch mit der Erde fest verwurzelt.

Ein paar Freunde, die kleinsten Fische des Meeres, finden stets dann Schutz, wenn das Meer zu stürmisch wird. Schnell schwimmen sie dann in den Mittelpunkt der Seeanemone, wo sie sicher und geborgen sind.

Diese Tanzgeschichte ist sehr einfach aufgebaut und eignet sich deshalb auch für jüngere Kinder. Einige Kinder kennen vielleicht Art, Aussehen und Besonderheit einer Seeanemone nicht, deshalb ist es notwendig, ein Bild und ein Gespräch zu diesem Thema voranzustellen. Nachdem sich die Kinder eine Vorstellung davon gemacht haben, können sich erste Gespräche zur Ideenfindung entwickeln.

Da es sich um eine Pflanze mit runder Anordnung und einem Mittelpunkt handelt, ist die Kreisform von Vorteil.

## Meine Tanzgruppe hatte dazu folgende Ideen:

Die Gruppe sitzt in einem Kreis. (Noch interessanter sind zwei Kreise, ein Außen- und ein Innenkreis. Man muss jedoch auf das Können und Alter der Tanzgruppe achten.) Nun ist immer ein Kind abwechselnd der Vortänzer. Die anderen Kinder versuchen die Tanzideen aufzunehmen und mitzumachen.

## Möglichkeiten der Gestaltung:

Alle Tänzer sitzen auf den Knien aufrecht im Kreis. Sie können sich in dieser Position rhythmisch zur Musik krümmen, nach rechts und links schwenken, sich strecken, die Arme und Hände nach oben oder zur Seite bewegen.

Die wellenartigen Bewegungen des Meeres können sehr gut mit den Armen und Händen dargestellt werden: z.B. rhythmisches Öffnen und Schließen der Hände, Emporstrecken der gespreizten Hand, gleichzeitiges wellenförmiges Bewegen der Arme seitlich oder nach oben.

Die Seeanemone kann sich öffnen und schließen: Z.B. geht die Gruppe immer wieder von der Sitzposition in einen Kniestand über, streckt die Arme oder zieht sich zur Mitte zurück, indem sich die Kinder zusammenkauern, ebenso ist Aufstehen und wieder Hinsetzen möglich. Dabei kann man die Knie nachfedern lassen, Kopf und Beine kreisend bewegen ...

Die kleinen Fische könnten z. B. langsam um die Seeanemone herumschwimmen. Wenn die Wellen ihrer Ansicht nach zu stark werden, schwimmen sie in die Mitte des Kreises, ruhen sich dort kurz aus und schwimmen wieder weiter.

**Anmerkung:**

Für die Kinder, die die »Fische« darstellen, ist die Anweisung wichtig, dass sie kleine, langsam schwimmende, lustige Fische sind, da sonst Unruhe aufkommen kann, weil sie um die Wette im Kreis flitzen, worin nicht das Ziel dieser Tanzidee besteht.

Falls die Gruppe ein Bedürfnis zum schnellen »Flitzen« hat, sollten Sie ihr extra vor oder nach der Tanzeinheit Gelegenheit zum Austoben geben.

# DIE GESCHICHTE VOM RIESEN

Gruppengröße: Sechs bis fünfzehn Kinder
Alter: Vier bis elf Jahre
Musikrichtung: Von Peter Maffay aus der LP/MC/CD *Tabaluga oder die Reise zur Vernunft* das Lied »Riesen-Glück« oder eine andere vom Tanzleiter passend zur Geschichte ausgesuchte Musik.

Das Lied wird den Kindern zuerst einmal vorgespielt und danach wird über den Inhalt gemeinsam gesprochen und eine Tanzidee entwickelt.

## Zum Inhalt des Liedes:

◆ *Der Riese Grykolos erzählt Tabaluga eine Geschichte von den Menschen und der Angst:*

Es war einmal ein Riese, der kam in ein Dorf. Jedes Mal, wenn er es besuchte, versteckten sich die Menschen in ihren Häusern und bedeckten ihre Kinder voller Angst mit Tüchern. Doch eines Tages wurde eines vergessen. Es stand am Wegesrand und sang dem gigantischen Riesen das Lied: »Riesen sind ja halb so groß – sind ja lange Zwerge bloß – Riesen haben Riesenangst, wenn man ihnen auf der Nase tanzt!«. Der Riese hörte das und kam näher. Alle dachten, nun ist es aus. Doch der Riese kniete beim Kind nieder, nahm es auf seine Hand und es sang sein Lied nur für ihn.

## Improvisationsmöglichkeiten könnten z.B. sein:

Zuerst als Riese im Raum (mit gestreckten Armen und Beinen, »Ihr müsst euch so groß wie ein Riese machen«) gehen. Zum Refrain des Liedes können die einzelnen Tänzer das Lustige des Kindes in eine Tanzform übertragen, z.B. im Kreis herumhüpfen, dabei die Beine schlenkern oder sich um die eigene Achse drehen und mit Armen und Beinen zappeln. Wenn der Riese das Kind auf die Hand nimmt, kann dies von der Gruppe pantomimisch mit der eigenen Hand dargestellt werden.
Dazu gibt es noch viele weitere Möglichkeiten, die Ihre Kinder Ihnen zeigen werden!

### Anmerkung:

Auch wenn Sie die obenstehende Musik nicht zur Verfügung haben, lohnt es sich, zu einer anderen Musik die Gegensätze von »Riese« und »Zwerg« (Gegensatzpaar groß – klein) zu tanzen.
Diese Tanzgeschichte mit dem passenden Lied ist bei meinen Tanzkindern äußerst beliebt.

# Tanzgeschichten für Fortgeschrittene

Diese Tanzgeschichten stellen in ihrem Schwierigkeitsgrad und der Geübtheit der Gruppe eine Steigerung des vorherigen Kapitels dar. Manche der Tanzideen eignen sich am besten mit Kindern im Alter von sechs bis elf Jahren, da deren Phantasie meist sehr ausgeprägt und ihr Sprachschatz schon soweit ausgebildet ist, dass sie sich gut verbalisieren können.

## »Wenn ich Mozart wär«

Gruppengröße: Zehn bis fünfzehn Kinder (20 ab sechs Jahre)
Alter: Fünf bis elf Jahre
Musikrichtung: Klassische Musik, Folklore oder Musik aus dem Mittelalter.
Z.B. eignet sich Wolfgang Amadeus Mozarts *Konzert für Klavier und Orchester Nr. 20 d-moll KV 466, Romance* oder von Angelo Branduardi aus der MC/CD *Best Of Angelo Branduardi* das Lied »Il Signore di Baux« (leise einspielen und individuell ausblenden).

In einem vorhergehenden Gespräch wird mit den Kindern über das Mittelalter, die höfischen Sitten und den damals üblichen »Gassentanz« gesprochen. Dieser Tanz zeichnet sich dadurch aus, dass die Gruppe paarweise mit einer »Gasse« zwischen sich hintereinander Aufstellung nimmt. Nun hält sich das letzte Paar der Reihe an den Händen und geht bzw. tanzt in verschiedenen Schrittformen durch die Gasse. Nach und nach folgen die anderen Paare. Um diese teilweise gebundene Art des Tanzes trotzdem kreativ und frei zu gestalten, sollte eine Probierphase der einzelnen Paare ebenso wie eine Besprechungs- und Probephase der Gesamtgruppe zu den verschiedenen Darstellungsformen des höfischen Tanzes vorweggehen.

**Amerkung:**

Sehr gut kommt bei den Kindern das Improvisieren von Hofknicksen und Verbeugungen sowie Drehungen und ein gezierter, leicht überheblicher, ironisch verfremdeter Gang an.

 # DIE KLEINEN ZWERGE

Gruppengröße: Acht bis fünfzehn Kinder
Alter: Vier bis elf Jahre
Musikrichtung: Mittelschnelle, rhythmische Musik, wenn möglich stellenweise mit dem Geräusch einer tickenden Uhr unterlegt. Ein solches Geräusch findet sich z.B. in dem Lied »Here Comes The Rain Again« von der Gruppe Eurythmics der MC/CD *Greatest Hits*. Hier ist zwar kein richtiges Uhrengeräusch zu hören, das Geräusch wird aber von einem Instrument nachempfunden, das genau passt.

Material: Eine Triangel oder eine Fingerzimbel, ein Wecker der alten Art mit richtigem Zifferblatt (möglichst zum Aufziehen).

## Folgende Geschichte wird vorweg erzählt:

Der alte Uhrmacher Friedrich hat in seinem Laden viele alte und neue Uhren und Wecker stehen. Jeden Tag muss er sie aufziehen, damit sie nicht einfach aufhören zu ticken.

Eines Tages hat der alte Herr vergessen, die Uhren aufzuziehen. Irgendwann am Abend hören sie auf zu schlagen und schauen ganz verdutzt drein. Aber es hilft nichts, sie müssen genau in der Position bleiben, in der sie sich zu diesem Zeitpunkt befunden haben. So hätte sie der Uhrmacher am nächsten Morgen vorgefunden, hätte es um Mitternacht nicht eine Überraschung gegeben: Schlag zwölf kamen die kleinen Zwerge aus ihren Verstecken, um den Uhren zu helfen und sie an ihren Aufziehschlüsseln wieder aufzuziehen. Doch irgendwie wurden die Uhren nun verzaubert und erwachen zum Leben. Sie wackeln in ihrem tickenden Uhrenrhythmus durch den ganzen Laden. Erst als die Sonne aufgeht, werden sie wieder zu normalen Uhren.

Über diese Geschichte werden sich die Kinder sicher eine Zeit lang unterhalten. Der Tanzleiter kann daher sehr einfach mit ihnen darüber ins Gespräch kommen, wie sie die Tanzgeschichte umsetzen wollen.

Wichtig dabei ist die Vorgabe, dass sich zwei Gruppen bilden sollten: eine Zwergengruppe und eine Uhrengruppe. Ein Kind kann die Turmuhr darstellen und zwölf Glockentöne mit der Triangel schlagen.

Die Uhren könnten z.B. dargestellt werden, indem die Tänzer ihre beiden Arme und Hände von sich gestreckt, ruckartig und im Uhrzeigersinn wie die Zeiger einer Uhr bewegen.

Die Zwerge könnten dann mit imaginären Aufziehschlüsseln an jedem Kind die Uhr wieder aufziehen. Je nach Gruppe muss der Tanzleiter kurze Anweisungen geben, wann die Turmuhr schlägt, die Zwerge kommen, die Uhren »laufen« und zum Schluss auch wieder anhalten.

## Anmerkung:

Bei diesem Stück ist es für die Improvisation der Gruppe besonders wichtig, in der Planungseinheit der Tänze die Musik mit einzubeziehen.

# Scheherazade tanzt heut wieder

Gruppengröße: Zehn bis fünfzehn Kinder
Alter: Fünf bis elf Jahre
Musikrichtung: Arabische, mittelschnelle Musik, auch Bauchtanzmusik. Es gibt aus dem Bereich der Popmusik geeignete Stücke, z.B. von Ofra Haza. Ich habe mir in diesem Fall von der Sängerin Loreena McKennit von der MC/CD *The Mask And The Mirror* das Lied »The Mystic's Dream« ausgesucht. Das Stück ist etwas lang, deshalb sollte man vom Anfang des Liedes etwas kürzen und nach 4 – 5 Minuten sanft ausblenden.

Material: Pro Kind ein Hals- oder Seidentuch (90 cm x 90 cm) und ein so genanntes Jongliertuch oder Haartuch (wie es manche Omas früher gerne über ihren Haarknoten getragen haben. Gibt es in Kaufhäusern bei der Haarpflege). Sie sind zart, durchsichtig und in verschiedenen Farben erhältlich.

## Die Geschichte:

In einem goldenen Palast mitten in der Wüste, lebt Scheherazade, die wunderschöne Prinzessin der Oase.
Ihr Vater, der König des Südens, ist sehr reich und er liebt seine Tochter über alles. Er kauft ihr viele schöne Dinge, doch Scheherazade spielt und tanzt am liebsten mit ihren Freunden, den Kindern der Köchin, der Wächter, der Diener und der Bettler. Sie haben ihre Lieblingsspiele, wie alle Kinder auf der Welt. Aber am liebsten tanzen sie zusammen. An langen, heißen Abenden werden im großen Palastsaal Geschichten erzählt, Akrobaten treten auf und manchmal geht die freudige Nachricht von Mund zu Mund: »Scheherazade tanzt heut wieder.« Natürlich tanzen ihre Freunde mit.
Nachdem die Geschichte in der Gruppe erzählt wurde, sollte ein Gespräch wie z.B. über arabische Prinzessinnen und Märchen, über wunderschöne Kostüme oder das Reichsein folgen, damit die Kinder ihre Phantasien über die Märchen von 1001 Nacht erzählen können. So tastet sich die Gruppe langsam an das Tanzthema heran.

Danach wird die Musik kurz eingespielt. Im Anschluss daran wird darüber gesprochen, wie man diese Geschichte ins Tänzerische umsetzten könnte.

## 1. Variante:

Die Kinder wollen das dem Arabischen zugeordnete Bauchtanzen umsetzen. Zur Unterstützung können sie sich ein Halstuch wie einen Wickelrock um die Taille knoten und das durchsichtige Tüchlein als Schleier benutzen. In freier Form machen die Tänzer erste Versuche. Hilfreich sind Gespräche über Merkmale von orientalischen Tänzen.

## 2. Variante (eine gebundene Form):

Die Gruppe stellt sich in Kreisform auf, um die Hüfte wird ein Halstuch geknotet, ein durchsichtiges kleineres Tüchlein stellt den arabischen Schleier dar.

Zu Anfang – die Melodie ist noch verhalten – halten die Tänzer das kleine Tüchlein vor das Gesicht und ziehen es in dieser Position etwas nach rechts und links.

Wenn die Hauptmelodie beginnt, ist dies das Zeichen für die Kinder, ihre Tücher in ihrem eigenen Rhythmus vor- und zurückzuschwenken.

Der Tanzleiter gibt nach einigen Takten den Impuls, sich aus der Kreisform zu lösen. Nun können die Tänzer nach eigener Vorstellung Drehungen, Kreisen des Bauches, Armdrehungen und eigene Schrittfolgen darbieten.

Auch nach dieser Phase gibt der Tanzleiter wieder das Zeichen für ein gemeinsames Tanzen in der Kreisform. Dazu halten sich alle an den Händen, die Schleiertüchlein werden von zwei Händen im Zwischenraum gemeinsam gehalten und flattern wie kleine, bunte Wedel beim folgenden Vor- und Zurückgehen in den Mittelpunkt des Kreises.

Zum Abschluss legt jedes Kind seinen Schleier über den Kopf, sinkt ganz langsam zu Boden und kauert sich dort nieder.

**Anmerkung:**

Oft haben ausländische Kinder – vor allem die Mädchen – ein noch besseres Einfühlungsvermögen für diesen »arabischen« Tanz. Ein besonders mutiges Kind könnte in der Anfangsphase in der Mitte stehen und etwas vortanzen. Da dies ein recht anspruchsvolles Tanzstück ist, empfiehlt es sich, das Stück erst nach einigen vorhergegangenen Stunden einzusetzen.

Diese Tanzidee eignet sich sehr gut für öffentliches Tanzen, da sie optisch sehr beeindruckend ist.

# SCATMANS JAZZTANZ

Gruppengröße: Vier bis zwanzig Kinder (in diesem Fall können je nach Raumgröße bis zu zwanzig Kinder tanzen)

Alter: Fünf bis elf Jahre

Musikrichtung: Mittelschnelle bis schnelle, ryhthmisch mitreißende, fetzige Musik. Sehr gut eignen sich Lieder aus dem Bereich der Popmusik, aber auch Stücke für Modern-Jazz-Tanz.

Ich habe das Stück »Time« von Scatman John aus der LP/MC/CD *Scatman's World* benützt.

Diese Tanzidee entstand aus der Überlegung, eine dem Jazztanz verwandte Variante für Kinder zu entwickeln.

Zuerst hört sich die Gruppe das Musikstück an, anschließend stellen sich alle Tänzer in einer Reihe nebeneinander auf.

Der Tanzleiter zeigt und erklärt den Kindern, welche Merkmale ein Jazztanz (ansatzweise) aufweist. Z.B. werden die Tanzelemente synchron eingesetzt, es werden oft Figuren oder schnelle Schrittfolgen verwendet.

Die Kinder stellen sich dazu in einer oder mehreren Reihen (in der Anfangs-phase nicht mehr als fünfzehn Kinder) auf.

Der Tanzleiter steht ihnen gegenüber und vermittelt erste, einfache Schritte, wie z.B. Hopseschritte nach rechts bis zur Wand und dann bis zur anderen Wand. Dazu können in einem weiteren Durchlauf verschiedene Handbewegungen wie Winken, Arme seitlich von sich Strecken usw. durchgeführt werden.

Oder die Gruppe steht in genügendem Abstand nebeneinander und patscht sich rhythmisch auf Schenkel und Oberkörper und klatscht zuletzt noch in die Hände.

Auf der Stelle hopsen, rennen oder »Hampelmann« machen ist auch beliebt. Ganz einfach sind Elemente, die isoliert vom restlichen Körper eingesetzt werden: z.B. Kopf rhythmisch nach vorn, seitlich und nach hinten drehen oder die Hände in verschiedenen Positionen und Kombinationen drehen und winken.

Dazu gibt es sicher viele neue Ideen und Varianten. Wichtig dabei ist, dass alle Kinder immer das Gleiche tun. Der Tanzleiter – oder ein Kind aus der Gruppe – macht etwas vor und der Rest der Gruppe tanzt es nach.

Um die Tanzeinheit trotz einiger fester Rahmenbedingungen doch zu einem Kreativen Tanz werden zu lassen, ist es wichtig, den Tänzern zwar kleine Vorgaben zu machen, sie dabei aber nur zu motivieren und zu befähigen, eigene Kreationen mit der Gruppe zu entwickeln. Das Ziel der Gruppe stellt eine eigene kleine Choreographie dar.

## Anmerkung:

Die Tanzidee entwickelt sich bei Kindern mit zunehmendem Alter noch besser, da sie ihre Ideen immer differenzierter in die Praxis umsetzen können und das Synchrontanzen einfacher zu verwirklichen ist.

In meiner Tanzgruppe altersgemischter Kinder war dieser Tanz stets der Renner, weil die Musik sehr motivierte und der Anreiz, etwas »Schweres« zu tanzen, ein ganz besonderer war.

Höhepunkt stellte ein Elternnachmittag dar. Die Eltern wurden eingeladen, einfach mitzutanzen. Das wurde dann zu einer lustigen, engagierten, schweißtreibenden Einlage, sogar eine rüstige Großmutter tanzte mit.

# DER KERZENTANZ

Gruppengröße: Zehn bis fünfzehn Kinder
Alter: Fünf bis elf Jahre
Musikrichtung: Ruhige, meditative Musik, z. B. von Andreas Vollenweider, Deuter, Enya usw. Eine sehr stimmungsvolle Musik ist das Lied »How Can I Keep From Singing?« von Enya aus der MC/CD *Sheperd Moons*.

Material: Pro Kind eine vorbereitete Kerze (hierzu bezieht man einfach einen Bierdeckel mit Filz, auf den dann ein Teelicht geklebt wird).

Dieses Tanzstück eignet sich wegen der Kerzenstimmung für die Herbst- und Winterzeit, wenn es draußen ein wenig düster und drinnen immer heimeliger wird. Besonders passend ist es zur Weihnachtszeit.
Den Kindern wird die Geschichte von einem Mädchen in Russland erzählt, das den alten und armen Leuten des Dörfchens eine Freude machen wollte.

Es war wieder ein bitterkalter, dunkler Winter und viele hatten schon den Mut verloren, an eine schönere Zeit zu denken. Das Mädchen wollte mit seinen Freunden ein wenig Licht in die Herzen der Menschen tragen. Deshalb beschloss es, alle auf den Dorfplatz einzuladen und mit einer kleinen Kerze, die ein jedes Kind in den Händen tragen sollte, einen Kerzentanz aufzuführen.
Die Gruppe sitzt in einem Kreis und hört die Musik. Es ist eine sehr feierliche, ruhige Musik, bei der das Gesungene mit Echoeffekten verstärkt wird. Diese Stimmung sollte ein wenig auf die Kinder einwirken, um im anschließenden Ideenprozess mit einbezogen zu werden.
Die Grundtanzform bei diesem Tanzstück ist ein Kreis. Wichtig ist ein kurzes Gespräch über die Gefahren des offenen Feuers, deshalb sollte das Tanzstück zuerst einmal ohne brennende Kerzen ausprobiert werden.

## Möglichkeiten der Gestaltung:

Alle Kinder stehen mit etwas Abstand zum nächsten Kind im Kreis. Die (brennenden) Kerzen werden mit beiden Händen am Rand des Bierfilzes gehalten.

❑ Die Gruppe dreht sich vorsichtig in Laufrichtung und läuft langsam, bedächtig und im passenden Rhythmus zur Musik bis zu ihrem Ausgangspunkt (dies ist für jüngere Kinder manchmal nicht so einfach, da sie in der Anfangsphase oft auf ihren Vordermann auflaufen oder in ihrer starken Konzentration auf die Kerze ihren Ausgangspunkt nicht gleich finden) – eventuell einen Kreis auf den Boden malen!

❑ Die Kinder drehen sich einmal sorgfältig und ruhig mit der Kerze um die eigene Achse, bis sie wieder zur Anfangsposition kommen.

❑ Die Gruppe geht langsam zur Mitte, dreht sich vorsichtig um und kehrt wieder zurück.

❑ Die Kinder werden zu Anfang in zwei Gruppen eingeteilt (z.B. »Ihr seid die Einser/Blauen und die Anderen sind die Zweier/Roten ...«). Eine Gruppe geht mit der Kerze zur Mitte, die anderen Kinder schauen zu. Danach wechselt die Gruppe.

❑ Die Kerzen werden sehr vorsichtig und langsam mit beiden Händen in die Höhe gehoben und ebenso langsam wieder heruntergelassen.

❑ Zum Schluss werden die Kerzen ruhig vor jedes Kind auf den Boden gestellt. Die Tänzer setzen sich in sicherem Abstand zur Kerze auf die Fersen und senken ihren Kopf in einer abschließenden Ruhegeste.

### Anmerkung:

Ich persönlich habe mich wohler mit den Kerzen gefühlt, wenn langhaarige Kinder ihre Haare mit einem Band zu einem Zopf gebunden haben. So kann nichts passieren, wenn die Kinder sich nah beieinander mit den Kerzen in der Hand umdrehen. Es ist weiterhin sehr praktisch, wenn man vorher die Teelichter ein wenig abbrennen lässt und das Wachs dann weggießt. Dann können sich die Kinder an überschwappendem heißem Wachs nicht wehtun.

Das Ganze hört sich vielleicht jetzt gefährlich an, Tatsache ist aber, dass ich diesen Tanz schon mit fünf- bis sechsjährigen Kindergartenkindern durchgeführt habe und außer etwas Wachs auf den Fingern nie etwas passiert ist.

# BLUMENKIND UND STERNENFRAU

Gruppengröße: Zehn bis fünfzehn Kinder
Alter: Fünf bis elf Jahre
Musikrichtung: Mittelschnelle, fröhliche Musik, die zum Thema Blumen und Elfen passt. Z.B. von Loreena McKennit aus der MC/CD *The Mask And The Mirror* das Lied »The Bonny Swans« oder Musik von Deuter oder Vollenweider.

Material: Ein gefärbtes (Seiden-) Tuch in den Farbtönen Gelb/Orange in den Maßen 90 cm x 90 cm als Umhang für die Sternenfrau. Dazu passend: Ein Kopfschmuck (z.B. eine Sternenkrone), ein Zauberstab o.ä., ein gefärbtes (Seiden-) Tuch in den Farbtönen Grün/Lila oder in anderen Farbkombinationen in Verbindung mit Grün als Umhang für das »Blumenkind« (siehe dazu Anmerkung) mit den Maßen 90 cm x 90 cm, eine kleine Gießkanne.

## Die Geschichte:

»Blumenkind« ist eine kleine zarte Elfe, die Hüterin und Beschützerin ihres kleinen Reiches – der Blumenwiese am Ende des Regenbogens. Sie (natürlich kann dies auch ein Junge sein) hegt und pflegt ihre Blumen. Oft hat sie nach langer Trockenheit ihre Schützlinge sogar mit der Gießkanne bewässert. Doch eines Tages wollen die Blumen nicht – wie jeden Tag – ihre Blüten öffnen. Blumenkind weiß keinen Rat mehr und macht sich große Sorgen.

Da erzählt ihr die weise Waldeule von der »Sternenfrau«, einer alten und des Zauberns mächtigen Himmelsfrau. So schnell sie kann, fliegt sie zu dieser Frau und bittet sie, ihr und ihren Blumen zu helfen. Sternenfrau ist schon sehr alt und müde, aber sie verspricht Blumenkind, schon bald zu helfen. Und nach zwei Tagen und Nächten kam sie angereist. Zuerst besah sie sich das Problem, dann nickte sie wissend, murmelte etwas und holte ihren Zauberstab heraus. Ganz sachte berührte sie damit jedes noch so kleine am Boden kauernde Blümchen, und wie durch ein Wunder erblühten sie sehr langsam und zart.

Zuletzt war die gesamte Wiese wieder zu neuem Leben erwacht und Blumenkind weinte vor Glück. Sie wollte der fremden Frau danken, doch sie war plötzlich verschwunden.

Auch diese Tanzgeschichte kann zu einem kleinen Projekt werden, wenn die Kindergruppe von Anfang an in die Vorbereitungen mit einbezogen wird. Die Kinder können zusammen mit ihrem Leiter die entsprechende Verkleidung selbst gestalten. Die Gruppe könnte gemeinsam überlegen, welche Musik zur Geschichte passt.

Auch eine Orff-Begleitung (das Orff-Instrumentarium – benannt nach seinem Sammler und Gründer Carl Orff – wird sehr gern im Vorschul- und Schulbereich eingesetzt und umfasst einfache Rhythmusinstrumente und Klanginstrumente wie Glockenspiel, Xylophon usw.) stellt eine ganz besondere Möglichkeit dar, ein ganzheitliches Projekt aufzubauen.

Nachdem die Geschichte besprochen wurde, kann sie auch als Erstes in einem Rollenspiel vertieft werden. Dies würde eine Vorstufe zur Tanzgeschichte sein, die für das Hineindenken in das Geschehen eine gute Basis bietet.

## Dann wird getanzt:

Die Tanzgruppe wird sicher ihre eigenen Ideen entwickeln, wie die Geschichte am besten umzusetzen ist.

## Nun noch ein paar Anregungen:

Es ist sinnvoll, das Erblühen der Blumen in einer vorhergehenden Einheit zu erfahren. Daraus können sehr intensive Gefühle und meditative Eindrücke entstehen.

Blumenkind kann mit der Gießkanne von Blume zu Blume tanzen und sie gießen. Jede Blüte entfaltet sich langsam und in ihrem eigenen, auf sich konzentrierten Tempo (der Tanzleiter sollte darauf noch einmal verstärkt hinweisen!). Nach kurzer Zeit schließt sich jede Blume wieder, der Tag vergeht.
Beim nächsten Mal können die Blumen ihr Erblühen zwar versuchen, sie bleiben aber im Ansatz stecken. Pantomimisch wird der weitere Verlauf zur Musik »erzählt«.
Sternenfrau schwebt und tanzt mit ihrem Zauberstab von Blüte zu Blüte. Diese öffnen sich voller Glück, nachdem sie von ihr berührt wurden.
Es ist auch möglich, dass alle Blumen mit Blumenkind und Sternenfrau sich von der Musik begleitet im Raum drehen oder einen Reigen tanzen (im Reich der Phantasie ist alles möglich).

## Anmerkung:

Die Umhänge zur Verkleidung sind kostengünstig und einfach herzustellen und im Kreativen Tanz und der Arbeit mit Kindern immer wieder einsetzbar. In Bastelgeschäften bekommt man oft günstige Sonderangebote von Seidentüchern, dazu kauft man sich drei bis vier Grundfarben (zum Bügelfixieren). Kinder können diese auch ohne einen Seidenmalrahmen bemalen (anfeuchten, auf eine Plastikunterlage legen, etwas zusammenraffen und mit einem dicken Pinsel einfärben; wichtig dabei ist, alles erst ganz trocknen zu lassen, bevor man die Seide wegnimmt) oder mit einem Provisorium arbeiten (ein zusammengesteckter Rahmen aus Abfallholz oder Styroporlatten in den Maßen des Tuches). Darauf wird das angefeuchtete Tuch mit Stecknadeln aufgesteckt und mit dicken Pinseln eingefärbt. Die Farben verlaufen zu schönen Effekten. Nach dem Trocknen wird mit dem Bügeleisen fixiert, d.h. das Tuch wird vorsichtig nach Packungsanweisung der Farbe gebügelt. Wie schon erwähnt, könnten auch die Kinder in diese Vorbereitungen mit eingespannt und das Ganze zu einem richtigen Projekt ausgebaut werden.

Übrigens: Diese Tanzidee regte die Gemüter der Kinder so zart an, dass sie mir im anschließenden Gespräch erzählten, wie sehr sie dieses Stück lieben, gerade weil die Darsteller »so schön« sind.

# Der Bettler und die Rose

Gruppengröße: Zehn bis zwanzig Kinder
Alter: Fünf bis zehn Jahre
Material: Umhang, Geldstücke, (getrocknete) Rose
Musikrichtung: Langsame, getragene Musik, z.B langsame Klaviermusik oder von Enya aus der CD *Shepherd Moons* das Stück »Caribbean Blue«.

## Die Geschichte:

Ein Bettler liegt lange Zeit am Straßenrand. Viele Passanten gehen an ihm vorbei, manche werfen ihm etwas zu, keiner beachtet ihn. Ein kleines Mädchen sieht ihn und legt ihm seine über alles geliebte, frische Rose vorsichtig in die geöffneten, bittenden Hände. Der Bettler steht auf und wird mehrere Tage nicht mehr gesehen. Jemand fragt ihn später: »Wo warst du so lange?« Darauf antwortet er: »Die Rose gab mir Kraft zu leben.«
Die Geschichte und deren Inhalt wird mit den Kindern besprochen. Danach wird die Darstellung mit den Kindern erarbeitet und die Rollen werden verteilt.
Der Bettler erhält z.B. einen alten Umhang und legt sich mit geöffneten

Händen auf den Boden. Die Passanten erhalten kleine Geldstücke, die sie unachtsam vor und auf den Bettler werfen. Das Mädchen tänzelt selbstverloren, an der Rose riechend bis zum Bettler und legt sie dann kurz entschlossen vor ihn hin ...

## Anmerkung:

Bei diesem Tanzstück ist es wichtig, mit den Kindern den tieferen Sinn zu erarbeiten und auf Mimik und Gestik im Tanzausdruck hinzuweisen.
Bei einer Aufführung mit Publikum wirkt das Tanzstück noch stärker, wenn die Kinder die entsprechende Verkleidung tragen. Das Mädchen könnte z.B. ein weißes, langes Kleid anziehen, die Passanten können unterschiedlichst verkleidet sein, der Bettler könnte vielleicht in Lumpen gekleidet sein.

# Tanzen mit Zubehör

Diese Sparte ist für Tanzgruppen gedacht, die schon erste Erfahrungen mit Kreativem Kindertanz haben.

In meiner Praxis hat sich gezeigt, dass Kinder mit den unterschiedlichen Materialien und Themenschwerpunkten des Tanzzubehörs immer wieder neu zu motivieren sind. Meistens bringen diese Dinge eine ganz neue, eigene Dynamik in die Tanzeinheiten.

Im Folgenden finden Sie einige Beispiele. Wenn eigene Tanzideen verwirklicht werden, können Sie selbst und Ihre Gruppe immer neue, interessante Gegenstände mit einbeziehen. Bei manchen Gegenständen, wie z.B. dem Schwungtuch oder den Rasseln, ist es sinnvoll, vor dem eigentlichen Tanzen diese Gegenstände vorzustellen.

## Angelos Schellentanz

Gruppengröße: Sechs bis fünfzehn Kinder
Alter: Vier bis elf Jahre
Musikrichtung: Rhythmische Folklore, wie z. B. von Angelo Branduardi aus der LP/MC/CD *Best Of Angelo Branduardi* das Lied »Il Signore Di Baux«.

Material: Je Kind eine Schellenkordel (ein Stück Kordel, an das verschieden große Schellen – aus dem Bastelbedarf – genäht werden). Jeder Tänzer bekommt eine Schellenkordel um seinen rechten Fuß (Linksfüßer bitte an den linken Fuß) gebunden.

Nun kann die Musik mit Hilfe der Schellenkordeln durch Aufstampfen oder Schütteln des Fußes unterschiedlich begleitet werden. Die Tänzer können entweder einzeln tanzen oder sich immer wieder zu Zweiergruppen zusammenfinden. Z.B. können sie sich bei einem anderen Kind unterhaken und im Kreis drehen oder sich in verschieden großen Gruppen an der Hand halten und sich ebenfalls drehen, wobei sie immer wieder rhythmisch mit dem Fuß aufstampfen.

**Anmerkung:**
Diese Tanzidee ist vereinfacht auch für jüngere Kinder geeignet.

# SCHWUNGTUCH MIT MUSIK

Gruppengröße: Zehn bis zwanzig Kinder
Alter: Vier bis elf Jahre
Musikrichtung: Leichte, beschwingte, mittelschnelle Musik mit verschiedenen Tempowechseln, wie z.B. von Smetana das klassische Werk *Die Moldau* oder andere klassische Musik.

Material: Ein so genanntes Schwungtuch bzw. einen Fallschirm aus Ballonseide oder anderen Materialien (ca. 3 m x 3 m). Man kann auch ein selbst genähtes Schwungtuch aus zwei 3 m langen und 1,5 m breiten Stoffbahnen aus Dekoseide oder anderem Stoff benutzen.

Zuerst sollte die Gruppe ein wenig mit dem Schwungtuch experimentieren, um ein Gefühl für das Material zu bekommen. Besondere Schwerpunkte der folgenden Tanzidee werden das Hochschwingen und das Herstellen von großen und kleinen Wellen sein.

## 1. Variante: Freies Tanzen

Die Gruppe stellt sich um das ausgebreitete Schwungtuch. In regelmäßigen Abständen fassen die Kinder das Tuch mit beiden Händen und halten es, besonders wenn geschwungen wird, fest.
Zuerst sollte man, wie immer, die Musik auf die Tanzgruppe wirken lassen, dann wird kurz besprochen, was für Möglichkeiten umsetzbar sind. Danach werden spontan auf Zuruf der Gruppenmitglieder verschiedene Schwung- und Laufkombinationen ausprobiert.

## 2. Variante: Gebundener Tanz

Wie oben beschrieben stellen sich die Tänzer um das Schwungtuch herum auf. Wenn jeder seine Position inne hat und das Tuch festhält, setzen sich alle Kinder auf den Boden.
Als erstes schickt jedes Kind der Reihe nach eine Welle los. Um eine Welle loszuschicken, hebt das Kind seinen Teil des Schwungtuches kurz und kräftig an und wedelt somit Luft unter das Tuch. Auf der Oberfläche entsteht eine Welle, die zur Mitte rollt und sich auf der gegenüberliegenden Seite verliert. Damit die entsprechenden Gruppenmitglieder auch sicher wissen, dass sie an der Reihe sind, kann der Tanzleiter mit einem kleinen Kopfnicken in Richtung des Kindes ein Zeichen geben.
Wenn alle Kinder einmal dran waren, werden von der gesamten Gruppe gemeinsam zuerst kleine Wellen geschwungen. Der Leiter gibt zu verstehen, dass »das Meer« zuerst wenig Wind hat und deshalb die Wellen klein sind. Dann werden die Wellen größer.
Wenn die Musik von Smetana das erste Mal etwas lauter wird und musikalisch an Spannung gewinnt, steht die Tanzgruppe auf und schwingt das Tuch in die Höhe.

Dazu müssen alle Kinder das Tuch (der Tanzleiter gibt hierzu die Anweisung »hoch!«) mit sehr viel Schwung in die Höhe ziehen und mit den Armen kurze Zeit oben bleiben, bis es sich von alleine wieder zur Erde senkt. Nun läuft die Gruppe zuerst im Uhrzeigersinn, später gegen den Uhrzeigersinn mit dem Schwungtuch in der Hand im Kreis. Danach können die vorherigen Bewegungen wiederholt werden.

Je nach Tanzgruppe können auch neue Varianten eingebaut oder das Stück verkürzt werden.

### Anmerkung:

Da diese Tanzidee durch das bunte Schwungtuch sehr fröhlich und auch beeindruckend aussieht, kann man sie besonders gut an Sommerfesten oder anlässlich anderer öffentlicher Auftritte verwenden.

 # DAS ZAUBERSEIL

Gruppengröße: Vier bis zehn Kinder
Alter: Drei bis elf (fünf bis elf) Jahre
Musikrichtung: Mittelschnelle, rhythmische Musik, z.B. von dem Musiker Sting das Lied »Fragile« aus der MC/CD *Best Of Sting – Fields Of Gold*.

Material: Pro Kind ein mindestens 1 m langes (Gymnastik-) Seil oder ein so genanntes Zauberseil (ein dehnbares weiches Gummiseil von einigen Metern Länge).

## 1.Variante: Mit kleinen Gymnastikseilen

Jedes Kind bekommt ein (Gymnastik-) Seil. Die Gruppe probiert in einer Experimentierphase aus, wie man es einsetzen kann und welche Eigenschaften es besitzt. Dann werden die Tänzer dazu aufgefordert, sich in die weichen aber doch dynamischen Klänge des Musikstückes einzufühlen und ihr Seil mit in ihren Tanz einzubeziehen.

### *Möglichkeiten dazu sind:*

- ❏ Mit dem Seil durch den Raum laufen, hüpfen, gehen. Es dabei schwenken, hinter sich herziehen oder in Schlangenlinien gleiten lassen.
- ❏ Eine Form wie z.B. einen Kreis legen. Darauf, drumherum oder hinein- und heraustanzen.
  Oder eine Linie bzw. eine Phantasieform legen und sie in das Tanzen im Raum mit einbeziehen.

## 2. Variante: Das Zauberseil

Die Tanzgruppe erhält ein dehnbares Seil. Zu Beginn sollen sich die Kinder als Gesamtgruppe mit dem Seil und mit dem Umgang eines gemeinschaftlichen Mediums beschäftigen. Dies erfolgt in einer ersten Erfahrungs- und Probierphase ohne Musik. Dann wird die Musik angespielt und der Charakter des Musikstückes besprochen. Da die Musik sehr sanft, aber trotzdem rhythmisch ist, sollte das Tanzen mit dem Seil nicht zu wild werden. Darauf kann der Tanzleiter hinweisen.

Nun stellt sich die Tanzgruppe neben dem am Boden liegenden Seil auf. Jedes Kind wird sich seinen gewünschten Platz aussuchen wollen, was auch zu Gesprächen und Übereinkünften führt. Dann hält jedes Kind seinen Teil des Seiles fest.

Eine Regel gibt es bei dieser Tanzidee:

Es müssen mindestens zwei Kinder das Seil halten, die anderen Tänzer können, wenn sie wollen, die Formation verlassen, aber auch in der Gemeinschaft agieren.

*Möglichkeiten der Bewegung und des Tanzes:*

❒ Die Gruppe zieht sachte in verschiedene Richtungen ohne ein Wettziehen zu veranstalten. Es sollte eher einen tänzerischen Ausdruck von »Hin und Her« oder unterschiedlich gepolter Kräfte darstellen.

❒ Arme und Beine können in schwebenden, wellenartigen Bewegungen eingesetzt werden. Beine können in verschiedenen Positionen – wie beim Ballett an der Stange – in die Lüfte gehoben werden.

❒ Die Kinder an den Seilenden können sich in das Seil einwickeln.

❒ Eventuell versucht die ganze Gruppe tänzerisch ein Schneckenhaus, einen Kreis, eine Blume usw. zu formieren.

❒ Gruppenmitglieder können dadurch, dass sie sich auch aus dem Gruppenverband lösen dürfen, die Symbole »Einheit – Vielfalt – Individualität« tanzen und erfahren.

## Anmerkung:

Diese Tanzeinheit kann auch mit einem einfachen, mitteldicken Seil umgesetzt werden. Das funktioniert genauso, nur eben ohne einen Dehneffekt.

# Das Fest der Papierbälle

Gruppengröße: Drei bis fünfzehn Kinder
Alter: Vier bis elf Jahre
Musikrichtung: Japanische oder chinesische, mäßig schnelle Meditationsmusik, Folklore oder artverwandte Musik. Z.B. von Deuter aus der MC/CD *Cicata* das Stück »Sun On My Face« oder »Haiku«.

Material: Pro Kind ein japanischer Papierball (Kindergartenbedarf, Jonglierläden oder in manchen Alternativspielzeugläden).

Die Gruppe sitzt mit dem Tanzleiter im Kreis. Jedes Kind bekommt von ihm einen japanischen Papierball (Das ist ein bunter, klein gefalteter Seidenpapierball. Man muss ihn erst entfalten, um anschließend mit dem Mund Luft durch das kleine Loch zu pusten, wodurch er sofort zu einem kleinen, verformbaren Ball wird.) in einer kleinen Zeremonie überreicht:
Zuerst entfaltet der Tanzleiter das Seidenpapier, dann bläst er den Papierball auf, lässt ihn sehr vorsichtig von einer zur anderen Hand rollen und gibt ihn auf beiden Handflächen balancierend an die Tänzer weiter (»er ist zerbrechlich und zart, wie ein Ei«).
Dieser kleine Ritus soll den Kindern gleich zu Beginn die Andersartigkeit des Papierballes sowie einen vorsichtigen Umgang mit ihm vermitteln. Wird ein Ball von einem Kind aus Versehen etwas geknautscht, wird er durch sanftes Hineinpusten wieder aufgestellt.
Danach sammelt die Gruppe im Raum verteilt erste Erfahrungen im Umgang mit dem Material. Dann versucht jeder Tänzer vorsichtig und mit Bedacht seinen japanischen Papierball in den Tanz mit einzubringen.

## Möglichkeiten des Tanzes:

❑ Die Tanzgruppe kann z.B. in einer Grundposition – dem Kreis – beginnen. Hierbei sitzen alle Kinder auf den Fersen. Ihre Hände sind zu einer Schale geformt, die den Papierball trägt (diese Methode ist die beste Form des Tragens). Langsam steht die Gruppe auf, dreht sich, läuft zur Mitte oder entfernt sich aus der Kreisform.

❑ Die Tänzer können den Ball im Raum frei balancieren, ihn in der Hand liegend schwingen, vorsichtige Hüpfer machen, sich drehen, langsam oder schnell laufen usw.

❑ Weitere Möglichkeiten: Den Papierball auf den Boden legen und Figuren dazu tanzen.

❑ Bälle mit Hilfe der Hände auf dem Kopf balancieren oder vor sich her pusten.

❑ Auf ein anderes Kind zutanzen, beide Bälle sagen sich »Hallo!«.

## Anmerkung:

Bei älteren Kindern kann der Tanzleiter nochmal ausführlich auf eine zur Musik passende Gestaltung des Tanzes hinweisen.

# DIE RASSEL KLAPPERT IMMER LÄNGER

Gruppengröße: Sechs bis fünfzehn Kinder
Alter: Vier bis elf Jahre
Musikrichtung: Entweder selbst gemachte Musik mit der Rassel oder Indianerfolklore. Hier ist z.B. die MC/CD *Indians – Sacred Spirit* von Virgin geeignet.

Material: Pro Kind eine Rassel (auch selbstgemacht; siehe Anmerkung).

## 1. Variante:

Zuerst sollte sich die Tanzgruppe mit den Möglichkeiten einer Rassel vertraut machen. Dann nimmt ein Kind Aufstellung und läuft in eigener Schrittform, hüpfend, stampfend oder in verschieden schneller Gangart von seiner Rassel begleitet durch den Raum. Dieses Kind stellt den Kopf der »Klapperschlange« dar. Nun kann sich ein weiteres Kind an die Schlange anstellen und die Tanzidee eine Zeit lang mitmachen. Wenn es dann nicht mehr möchte, gibt es ein Zeichen, stellt sich an den Kopf der Schlange und zeigt seine eigene Tanzidee, welche die anderen Kinder mittanzen. Weitere Tänzer stellen sich nacheinander spontan an (je Durchgang ein Kind).
Auf diese Weise wird die rasselnde Tänzerschlange immer länger. Wenn alle Kinder integriert sind, tanzt die Schlange noch einmal in größeren und kleineren Windungen durch den Raum und legt sich anschließend schlafen.

## 2. Variante:

Die Tanzgruppe begleitet das Lied »Ly-O-Lay Ale Loya« von der MC/CD *Indians – Sacred Spirit*. Die Kinder können sich vorstellen, dass sie als Indianer um das Lagerfeuer tanzen. Jeder Tänzer begleitet den Rhythmus der Musik mit seiner Rassel. Dazu kann man auch Drehungen, Hüpfer usw. einbringen.

## Anmerkung:

Rasseln kann man bzw. können die Kinder ganz einfach herstellen. Dazu braucht man eine (alte) Glühbirne, Tapetenkleister, Zeitungspapier und Seidenpapier.
Als erstes wird die Glühbirne mit angerührtem Tapetenkleister bestrichen. Dann werden ca. zwei 2-4 cm große Papierfetzen auf die Glühbirne geklebt und das Ganze wieder mit Tapetenkleister bestrichen. Diesen Vorgang wiederholt man so lange, bis die Schichten dick genug erscheinen (in der Regel drei bis fünf Schichten). Zuletzt klebt man eine Schicht farbiges Seidenpapier darauf und versiegelt das Ganze mit einer Schicht Tapeten-

kleister, den man mit den Händen so verstreicht, dass sich beide Schichten zu einer glatten Oberfläche verbinden.

Nach zwei Tagen, wenn das Kleisterpapier getrocknet ist, wird die Glühbirne an eine Tischkante geschlagen, damit das Glas im Kern der Papierrassel zerbricht. Die Scherben ergeben einen tollen Rasselklang, wenn sie gegen die Wände des selbst gebastelten Instrumentes schlagen.

# UND EWIG LOCKT DIE SPINNE

Gruppengröße: Fünf bis fünfzehn Kinder
Alter: Vier bis elf Jahre
Musikrichtung: Mittelschnelle, fröhliche Musik. Zu diesem Tanz passt sehr gut das Lied »Never As Good As The First Time« von Sade aus der MC/CD *Promise* oder von dem Interpreten Seal das Lied »Kiss From A Rose« aus der MC/CD *Seal* (1994).

Material: Seile oder eine mitteldicke Wolle, dazu Paket- oder Kreppband zum Fixieren oder Straßenkreide.

Zuerst wird mit den Kindern ein Spinnennetz aus Wolle oder Seilen geknüpft. Wenn man einen glatten Untergrund bzw. Tanzboden hat, kann man das fertige Spinnennetz auch noch mit Paket- oder Kreppband fixieren.

Wer es schneller und einfacher haben möchte, kann das Spinnennetz auch mit einer Tafelkreide auf den Boden aufmalen. Je nach Beschaffenheit des Bodenbelags verwischt sich dies jedoch leichter.

Die Kinder tanzen nun nach freier Improvisation zur Musik um das Spinnennetz herum. Im Spinnennetz sitzt lauernd ein Kind, das darauf wartet, ob sich nicht eine leichte Beute im Netz verfängt. Die anderen Tänzer sind am Anfang noch recht vorsichtig und tanzen in allen Formen um das Netz herum, doch schon bald werden sie mutiger und manche bewegen sich auf dem Spinnennetz. Sie wissen, die Spinne mag nicht jedes Kind, manche schmecken ihr nicht.

Doch manchmal, wenn das Opfer zu verführerisch herumtanzt, kommt die Spinne auf allen vieren dahergekrabbelt und packt sich ihre Beute und spinnt sie ein, so dass derjenige Tänzer regungslos stehen oder liegen bleiben muss.

### Anmerkung:

Die Spinne kann pantomimisch die ganze Palette einer gruseligen, aber ihrer Natur entsprechenden Spinne zur Darstellung bringen. Wenn sie ihre Beute einwickelt, puppt sie diese mit einem unsichtbaren Faden ein.

Der Tanzleiter kann die Gruppe nach dem Tanz dazu auffordern, sich zu überlegen, ob ihr Tanz außerhalb und innerhalb des Spinnennetzes unterschiedliche Formen angenommen hat.

 # Huttanz

Gruppengröße: Drei bis fünfzehn Kinder
Alter: Drei bis elf Jahre
Musikrichtung: Entweder mittelschnelle klassische Musik (Klavierstück, Bläser o.ä.) oder ein mittelschnelles, nicht zu lautes Pop- oder Folklorestück. Ich habe den *Bolero* von Maurice Ravel gewählt.

Material: Pro Kind ein Hut, so dass bei mehreren Tänzern verschiedene Huttypen oder -arten zusammenkommen.

Jedes Kind sucht sich aus, welchen Hut es anschließend im Tanz verwenden möchte. Danach wird besprochen, was sich jeder zu diesem Hut vorstellt, wer ihn wohl getragen hat, wie und in was er den entsprechenden Tänzer verwandeln könnte. So entstehen erste Überlegungen zur eigenen Improvisation und Tanzidee.

Es begeben sich alle Tänzer nach und nach zur Mitte, wo die Hüte auf einem Tuch liegen. Sie nehmen ihren vorher vereinbarten Hut und versuchen sich ihrem Huttypus entsprechend zur Musik zu bewegen und die Bewegung tänzerisch auszuschmücken und darzustellen. Z.B. tanzt ein Kind mit einem eleganten Federhut als feine Dame, ein Kind mit einer Bäckermütze kann den Rührlöffel schwingen, eine Hexe kann durch ein Kopftuch symbolisiert werden usw.

**Anmerkung:**

Wenn der Tanzleiter selbst nicht so viele Hüte besitzt, kann man auch die Kinder dazu auffordern, je einen alten Hut oder eine Lieblingskopfbedeckung mitzubringen.

Ebenso einfach und kostengünstig wäre es, einfache Kopfbedeckungen mit den Kindern selbst herzustellen und zu sammeln (z.B. verschieden gefaltete Hüte, aus Filzresten und Tüchern gebastelte Phantasiemützen, Kopftücher, Regen- oder Wollmützen, Faschingshüte usw.).

# Partnertanz

Kreativer Kindertanz ist durch seine besondere Form des gemeinsamen Improvisierens, der vorangegangenen Absprachen und Übereinkünfte eine sozial geprägte Form moderner Bewegungs-, Phantasie- und Tanzförderung.

Die Sparte »Partnertanz« möchte das Miteinander und den Prozess der Gemeinschaftsentwicklung unterstützen. Wie auch in der Sozialerziehung geht dieser Weg vom *Ich* zum *Du* und dann zum *Wir*. Der Partnertanz stellt das Bindeglied vom eigenen, freien Improvisieren zur Gesamtgruppe und den gemeinschaftlichen Projekten dar. Dies ist vor allem bei neu entstandenen Tanzgruppen sehr wichtig.

Da ein solcher Aufbau aber zu statisch und künstlich wäre, sollte Partnertanz nicht nur als Vorbereitung zum Gruppentanz verstanden, sondern nach Möglichkeit immer wiederkehrend eingeflochten werden.

## Hinweis:

Wenn Ihre Tanzgruppe eine ungerade Kinderzahl aufweist, ist dies für diese Tanzform nicht weiter schlimm. Der Tanzleiter übernimmt dann die Rolle des Partners bei einem Kind. Wenn Sie aber die Möglichkeit haben, sich die Gruppengröße individuell zusammenzustellen, dann ist eine gerade Anzahl von Kindern von Vorteil, da Sie in diesem Fall einen besseren Überblick behalten.

Soziale oder gruppendynamische Probleme und Stärken können auf diese Weise sehr gut beobachtet werden. Obwohl der Tanzleiter normalerweise im Kreativen Kindertanz mittanzt, stellt dies eine wohl begründete Ausnahme dar.

# SPIEGELBILDER

Gruppengröße: Vier bis sechzehn Kinder
Alter: Vier bis elf Jahre
Musikrichtung: Mittelschnell bis langsam fließende Musik, z.B. das Lied »Moon Over Bourbon Street« von Sting aus der MC/CD *The Best Of Sting – Fields Of Gold.*

Zu Beginn finden sich die Kinder zu Paaren. Dann stellen sie sich mit dem Gesicht einander zugewandt auf, lassen aber dazwischen 1/2 Meter Platz. Zum besseren Einstieg kann man einen Spiegel mitbringen und mit den Kindern über Spiegelbilder sprechen.

Nun darf ein Kind der »Vormacher« sein und seine Tanz- und Bewegungsformen vorstellen. Der gegenüber stehende Tänzer versucht sie aufzugreifen und möglichst synchron wiederzugeben. Nach der Hälfte des Stückes blendet der Tanzleiter das Lied kurz aus. Das ist das Zeichen für einen Rollenwechsel der beiden Partner. Die Musik nach 2 – 3 Minuten sanft ausblenden.

### Anmerkung:

Bei Anfängern ist es sinnvoll, zuerst ein ruhiges Musikstück auszusuchen und der Gruppe zu sagen, dass sie sich auf einfache Bewegungen beschränken soll. Etwas später kann man diese Tanzidee mit einer schnelleren Musik und ohne Bewegungseinschränkungen erweitern.

 # HALLO, HERR NACHBAR!

Gruppengröße: Vier bis sechzehn Kinder
Alter: Vier bis elf Jahre
Musikrichtung: Mittelschnelle, nicht zu intensive Musik. Geeignet wäre ein Instrumentalstück wie z.B. von Andreas Vollenweider das Stück »The Play Of The Five Balls« von der MC/CD *White Winds* oder von Sting aus der MC/CD *Best Of Sting* das Lied »When We Dance«.

Zu Beginn der Tanzeinheit suchen sich die Kinder selbst einen Tanzpartner aus. Dann wird vereinbart, dass zu Anfang des Musikstückes jedes Kind seine eigenen (Tanz-)Wege geht. Irgendwann stößt es dann auf seinen Partner. Zuerst tanzt es weiter, dann sucht es ersten Blickkontakt aus der Ferne. Nun nehmen die Paare je nach Stimmung ersten Kontakt auf (z.B. durch Winken, pantomimische Gesten, indem sie sich die Hände schütteln, durch Handschlag, auf die Schulter klopfen usw., all das kann vorher besprochen werden).
Zum Schluss tanzen sie miteinander und aufeinander abgestimmt.

**Anmerkung:**

Natürlich kann es sein, dass ein Kind nicht ausgesucht wird oder sich zwei Kinder um einen bestimmten Partner streiten.
Diese Situationen sollten willkommene Momente der Auseinandersetzung sein und zu wichtigen gruppendynamischen Gesprächen führen.
Diese Tanzidee zeigt auf spielerische und praktische Weise einen Weg auf, Kontakt miteinander aufzunehmen.

# SCHLANGE AUS DEM KORB

Gruppengröße: Vier bis sechzehn Kinder
Alter: Vier bis elf Jahre
Musikrichtung: Entweder eine selbst gemachte Musik wie z.B. ein einfaches
Flötenspiel, arabische Folklore mit Flötenspiel oder indische Folklore.

Wie immer wird zu Anfang der Tanzeinheit über Inhaltliches, in diesem Fall
über Schlangenbeschwörer und Schlangen, gesprochen.
Wenn Sie oder ein Kind Flöte spielen, werden einfach ein paar orientalisch
angehauchte, lang gezogene und mit kleinen Trillern versehene Tonleitern
bzw. Tonfolgen aufgenommen oder die entsprechende Musik verwendet.
Nachdem die Kinder ihren Tanzpartner gewählt haben, wird noch entschie-
den, wer als Erstes die Schlange und wer den Schlangenbeschwörer tanzen
soll.
Die Schlange geht zunächst in ihren imaginären Korb, kauert sich dort
zusammen und wartet auf den Schlangenbeschwörer. Dieser kommt herbei-
getanzt und spielt nach kurzer Zeit auf einer imaginären Flöte. Die Schlange
kann den Tönen nicht widerstehen und windet sich nach Schlangenart in
vielen kleinen Windungen aus dem Korb, bis sie aufrecht zischend vor ihrem
Herrn und Meister steht.
Dann blendet der Tanzleiter die Musik aus, es folgt ein schneller Wechsel
der Rollen und die Tanzpaare tanzen das Ganze noch einmal mit vertauschten
Rollen.

## Anmerkung:

Der Gruppenleiter kann in einer vorhergehenden Stunde zur gleichen Musik
alle Tänzer eine Schlange tanzen lassen, damit die Tanzform im Vorfeld
richtig erarbeitet werden konnte.

# DER SCHATTEN-SCHATTEN-TANZ

Gruppengröße: Vier bis sechzehn Kinder

Alter: Vier bis elf Jahre

Musikrichtung: Mäßig schnelle Instrumentalmusik, wie z.B. das Stück »Pierrot« von der MC/CD *Land Of Enchantment* von Deuter (zweimal hintereinander aufgenommen) oder von Vollenweider das Stück »Hall Of The Stairs« aus der MC/CD *White Winds*.

Material: Eine Wäscheleine oder ein großes Seil, Nägel oder Reißzwecken zum Befestigen an der Wand, ein weißes Leintuch und eine Klemmlampe bzw. eine andere verfügbare Lichtquelle.

Für diese Tanzform werden zuerst ein paar Vorbereitungen getroffen: Ein großes Seil oder eine Wäscheleine wird so im Raum angebracht, dass man darauf ein Leintuch befestigen kann (am besten mit einem Hefter). Es sollte in der Höhe mindestens der Größe der Tänzer entsprechen und bis zum Boden reichen.

Nun begibt sich je ein Tanzpaar hinter den Vorhang. Die entsprechenden Kinder besprechen sich vorher schon ungefähr, welche Tanzidee sie zusammen aufführen wollen. Dann tanzen sie gemeinsam hinter dem Tuch. Da es von der Rückseite mit einem Strahler angeleuchtet wird, entstehen zwei Schatten, die die restliche Gruppe auf der anderen Seite des Vorhanges beobachten kann.

## Beispiele für Schattentänze:

❑ Ein Kind tanzt für sich und wird plötzlich von dem anderen Tänzer angelockt oder gar magisch angezogen.

❑ Das Tanzpaar führt seinen Tanz nur mit der Ausdrucksstärke der (Schatten-)Hände vor.

❒ Interessante Schattentanzeffekte kommen zustande, indem die Kinder immer wieder im Tanz hintereinander stehen und nur die Arme oder ihre Köpfe bewegen und den Oberkörper in verschiedene Richtungen kreisen lassen (besonders interessant, da die Zuschauer nur den größeren Körper als Schatten wahrnehmen).

❒ Eine Kurzgeschichte wird tänzerisch dargestellt ...

**Anmerkung:**

Um einen guten Schatteneffekt zu erzielen, muss man eine helle Lichtquelle einsetzen und gegebenenfalls den Raum etwas verdunkeln. Auf jeden Fall die Intensität des Schattens ausprobieren. Diese Tanzidee wirkt um so besser, je schärfer die Schatten sind.

# TANZSPIELE

Tanzspiele gehören im Prinzip nicht zum Kreativen Kindertanz. Sie haben meist feste Musik- und Tanzvorgaben. Kreativ werden sie erst, wenn die Tanzgruppe sich Variationen und eigene Ideen dazu überlegt. Außerdem verwende ich Tanzspiele gerne zur Einleitung einer »Tanzstunde«. Die meisten sind den Kindern gut bekannt, auch schüchterne Kinder finden durch die genauen Regeln ihren Platz. Sie haben somit die Funktion, die Kinder auf das Folgende einzustimmen und zu lockern.

Nachfolgend möchte ich einige Beispiele anführen. Es können auch ohne weiteres andere, dem Gruppenleiter und den Kindern bekannte Tanz- und Singspiele eingesetzt und variiert werden.

## KU-TSCHI-TSCHI (mit Varianten)

Gruppengröße: Sechs bis sechzehn Kinder (je nach Raum auch mehr)
Alter: Vier bis elf Jahre
Musikrichtung: Das Lied »Ku-tschi-tschi« von der LP *Fidula Fon 1194* oder der MC *Fidula Fon FC 2* (ein älteres Musikstück, das man im Fachhandel bestellen kann).

## Überlieferte, gebundene Tanzform:

Die Tanzgruppe formiert sich an den Händen haltend zu einem Kreis. Nun laufen alle Kinder (im Hopseschritt) zum Rhythmus der Musik im Uhrzeigersinn. Der Ablauf dieses Liedes ist recht schnell.

Wenn die Musik an ihrem zweiten Thementeil (mit Trommelwirbel untermalt) angelangt ist, sollten sich zwei nebeneinander stehende Kinder so schnell wie möglich zu einem Paar finden und sich gegenüberstehen. Vom Musikband ist nun der Ruf »Ku-tschi-tschi« zu hören. Das ist das Zeichen dafür, dass die Tänzer sich in leicht gebeugter Haltung jeweils eine Hand (Zeigefinger ist gestreckt) über Kreuz entgegenstrecken und dazu, so laut sie können, »Ku-ku-ku-tschi-tschi« rufen. Hierbei streckt z.B. das erste Kind seine rechte Hand mit dem gestreckten Zeigefinger der rechten Hand des zweiten Kindes entgegen. Die Zeigefinger treffen sich sozusagen in der Mitte (wie beim Händeschütteln).

Nachdem die Kinder solches zweimal getan haben, fassen sich die Paare an den Händen und drehen sich im Kreis (eine mehr oder weniger schnelle Drehung, je nach Temperament und Können der Tänzer).

Wenn die Musik zum nächsten Teil des Liedes übergeht – man erkennt es leicht an einem Ansteigen der Melodie – sucht sich jeder Tänzer schnell einen neuen Partner, stellt sich ihm gegenüber und ruft wieder »Ku-tschi-tschi«. Der Tanz geht auf diese Weise so lange weiter, bis die Musik beendet ist.

## 1. Variante (auch für Dreijährige geeignet):

Wie in der Ursprungsform wird zuerst mit allen Kindern ein Kreis gebildet, dazu halten sich alle Teilnehmer an der Hand. Nun laufen die Kinder im Uhrzeigersinn im Kreis, bis das musikalische Thema sich ändert und die Melodie ansteigt.

Dann laufen alle Tänzer, indem sie sich an den Händen halten, in die Mitte des Kreises und wieder heraus. Jetzt lassen sich die Kinder los und rufen parallel zum Ruf vom Band »Ku-tschi-tschi«. Je nachdem, wie alt die Tanzgruppe ist, können die entsprechenden Handbewegungen im Kreis stehend dazu gemacht werden (siehe weiter oben). Danach geht es wieder an den Händen haltend im Kreis weiter. Die Schrittfolge bleibt wieder dieselbe.

## 2. Variante (freie Improvisation):

Die Tänzer können sich bei dieser Tanzidee selbst ihre Tanz- oder Gangart aussuchen, d.h. sie stehen nicht im Kreis, sondern tanzen als Riese, Hopser, Hase, Monster, feine Dame, Affe und vieles mehr durch den Raum.

Wenn der Themenwechsel des Liedes sich ankündigt, kommen alle schnell zur Mitte des Tanzraumes und rufen ganz laut »Ku-tschi-tschi«. Jeder einzelne kann nach Wunsch seinen Ruf mit einer individuellen Geste untermalen.

Eine weitere Variante besteht darin, dass immer ein Kind (gekennzeichnet durch einen Hut oder ähnliches) eine Geste vormacht und die anderen Kinder diese mitmachen. Dabei kommen ganz sicher einige kraftvolle und originelle Ideen heraus.

### Anmerkung:

Dieser überlieferte Tanz ist in meinen Tanzgruppen immer der Renner gewesen. Ob zum Geburtstag, an Fasching oder zu Leerlaufzeiten, immer haben sich die Kinder den »Ku-tschi-tschi« gewünscht.

Er spricht auch die manchmal schwerer zu motivierenden Jungen an, weil er so schön wild ausgeführt werden kann.

 # Klapperklatsch (mit Varianten)

Gruppengröße: Sechs bis fünfzehn Kinder (je nach Raumgröße auch mehr)
Alter: Drei bis neun Jahre
Musikrichtung: Das Lied »Klapperklatsch« auf der LP *Fidula Fon Nr.1194*
oder der MC *Fidula Fon FC 2* (das sind schon etwas ältere Tonträger, die
man aber im Fachhandel bestellen kann).

## Überlieferte, gebundene Version:

Zu Beginn überlegt sich der Tanzleiter mit den Kindern, auf welche verschiedenen Arten sie klatschen könnten. Anschließend werden die Ideen auch
gleich ausprobiert.
Z.B. kann man in die Hände oder auf den Bauch klatschen, auf die Schenkel
und auf den Po, im Sitzen oder auf dem Bauch liegend auf den Boden
patschen, sich drehen und dabei klatschen ...
Anfangs halten sich alle Kinder an den Händen und laufen zum Rhythmus
der Musik im Uhrzeigersinn im Kreis. Wenn die Musik einen Themenwechsel
vornimmt (lustige Flötenmusik), lässt jedes Kind seinen Nachbarn los und
macht die Klatschversion des Tanzleiters oder eines anderen Tänzers nach.
Nach dieser Sequenz setzt wieder die Anfangsmusik ein und die Gruppe
schließt sich wieder zum Kreis bzw. läuft wieder im Uhrzeigersinn. Wenn
das andere musikalische Thema wieder ertönt, sind wieder Klatschversionen
an der Reihe.

## 1. Variation:

Da die Musik sich ein bisschen wie Hintergrundmusik im Zirkus anhört,
könnte man das Zirkuselement in eine neue Tanzidee einbauen.
Alle Kinder sind dabei Clowns in einer Arena. Eine Zirkusvorstellung soll

das besondere Können der Clowns zeigen. Wie in einem Wettbewerb tanzen einzelne (oder auch paarweise) Clowns vor. Zuerst klappt alles ganz toll, bis dann das Lustige, Tolpatschige in den Tanzeinlagen hervortritt.

Zwischen den verschiedenen Darbietungen klatscht das Publikum kräftig.

## 2. Variation (für Dreijährige geeignet):

Diese Tanzidee ist sehr einfach und deshalb auch mit jüngeren Kindern durchführbar. Die Kinder laufen zur Musik durch den Raum. Immer wenn das zweite Musikthema ertönt, hopsen sie auf der Stelle. Wenn das Musikstück wechselt, laufen wieder alle im Raum.

Statt Laufen können auch andere Fortbewegungsarten bzw. Gangarten gewählt werden.

# DER SIEBENTE SCHRITT

Gruppenstärke: Fünf bis fünfzehn Kinder (je nach Raum auch mehr)
Alter: Vier bis elf Jahre
Musikrichtung: Selbst gesungenes Lied (Text und Melodie siehe folgende Seite)

# ◆ Der siebente Schritt ◆

Text und Melodie
mündlich überliefert

Kennt ihr schon den sie - ben - ten, sie - ben - ten,

kennt ihr schon den sie - ben - ten, sie - ben - ten Schritt!

Wer sagt denn, dass ich nicht tan - zen kann, kann tan - zen

wie ein E - del - mann.

### Sprechgesang

Das ist eins.
Das ist zwei.
Das ist drei.
Das ist vier.
Das ist fünf.
Das ist sechs.
Das ist sieben!

So wird getanzt:

Die Tanzgruppe bildet einen Kreis, indem sie sich an den Händen hält. Nun wird das Spiellied gemeinsam gesungen und im Kreis dazu bis zu dem Liedausschnitt »siebenten Schritt« gelaufen. An dieser Stelle hüpfen alle Kinder kurz in die Höhe und bleiben dann stehen.

Bei »Wer sagt denn, dass ich nicht tanzen kann« zeigt jeder mit dem Finger auf sich und dreht sich anschließend auf der Stelle stehend einmal um seine Achse. Nun wird der Text »kann tanzen wie ein Edelmann« mit einem tiefen Knicks oder einer ritterlichen Verbeugung begleitet.

Danach wird der ganze Liedablauf in Gesang und Gestik ständig wiederholt. Die Gruppe bleibt dann nach dem ersten Lieddurchlauf stehen und spricht: »Das ist eins.« – Hierbei wird der rechte Fuß nach vorne versetzt auf den Boden gestellt.

Das Lied wird dann wieder von vorne gesungen bis der Ausschnitt »Das ist zwei.« – kommt. Jetzt wird der linke Fuß etwas versetzt nach vorne gestellt. Dann wird das Lied wieder von Beginn an gesungen. »Das ist drei.« – das rechte Knie wird nach vorne auf den Boden getippt. Das Lied wird wieder von Beginn an gesungen.

»Das ist vier.« – das linke Knie wird auf den Boden getippt. Das Lied wird wieder von Beginn an gesungen. »Das ist fünf.« – der rechte Ellbogen wird auf den Boden getippt. Das Lied wird wieder von Beginn an gesungen. »Das ist sechs.« – der linke Ellbogen wird auf den Boden getippt. Das Lied wird wieder von Beginn an gesungen. »Das ist sieben!« – der Kopf wird mit der Stirn auf den Boden getippt.

Während dieser einzelnen Stationen baut sich (wenn die Kinder das Lied schon etwas kennen) ein Spannungsbogen auf, den man auch stimmlich unterstützen kann, indem man jede Ankündigung einen Ton nach oben versetzt.

Der Höhepunkt ist dann der auf den Boden getippte Kopf. Deshalb wird »Das ist sieben!« so richtig laut herausgerufen.

**Anmerkung:**

Vielleicht hört sich die Tanzbeschreibung auf den ersten Blick etwas komplex an. Es ist aber ein sehr einfaches und ebenso motivierendes Spiellied, das bei Mädchen und Jungen gleichermaßen beliebt ist.

# SO TANZT DIE SCHLANGE IHREN TANZ

Gruppengröße: Acht bis zwanzig Kinder
Alter: Drei bis elf Jahre
Musikrichtung: gesungenes Spiellied

## ◆ So tanzt die Schlange ihren Tanz ◆

Text und Melodie
mündlich überliefert

So tanzt die Schlan-ge ih-ren Tanz. Sie kommt vom Berg he-run-ter. Sie hat ver-lo-ren ih-ren Schwanz und will ihn wie-der-ha-ben. So sa-ge mir, ist das nicht hier ein klei-nes Stück von mei-nem Schwanz? Huiii.

Die Tanzgruppe hält sich an den Händen und bildet dabei einen Kreis.
Ein Kind spielt den »Schlangenkopf« und bleibt außerhalb des Kreises
stehen. Der Rest der Gruppe läuft zu Beginn des Liedes in eine Richtung
im Kreis. Das Kind, das die Schlange darstellt, läuft in die andere Richtung.

Bei »will ihn wieder haben« bleibt die Gruppe stehen. Die Schlange sucht sich ebenfalls einen Platz bzw. ein Kind in nächster Reichweite, um ihm und seinem Nachbarn auf die Schulter zu tippen. Dazu singt der entsprechende Tänzer »So sage mir, ist das nicht hier ein kleines Stück von meinem Schwanz?« Das »Huiii« rufen alle Kinder zusammen. Es darf ruhig etwas lauter sein.

Zum »Huiii« hüpft der Schlangenkopf etwas hoch und kommt mit einer Grätsche der Beine wieder zum Stehen.

Die ausgewählten Kinder verlassen nun den Kreis (der gleich wieder geschlossen wird), um durch den Tunnel der Grätsche durchzukrabbeln, stellen sich hinten an und halten sich am Vordermann fest. Nun ist die Schlange schon etwas größer und läuft die nächste Runde, bis zu zwei neuen Kindern aus dem Kreis usw. Auf diese Weise wird auch der Tunnel von Runde zu Runde immer länger. Der Spaß durch ihn hindurchzukrabbeln wird von Mal zu Mal immer mehr gesteigert, da viele Kinder sich sehr klein machen müssen, um durchzukommen oder der Tunnel einen Knick macht.

Besonders lustig wird es, wenn der Spielleiter in seiner vollen Größe, meist wesentlich ungelenker als die Kinder, durch den Grätschentunnel durchrobben muss.

Haben sich alle Gruppenmitglieder als Schlangenschwanz angehängt, wird das Lied noch einmal gesungen und die Kinder ziehen dabei in vielen Windungen durch den Raum.


## Anmerkung:

Sehr schön kann man dieses Tanzspiel mit einer Geschichte einleiten, in der erzählt wird, dass die Schlange auf irgendeine Weise ihren Schwanz verloren hat und nun nach ihm auf die Suche geht.

Wird das Stück das erste Mal getanzt, kann der Tanzleiter zuerst der »Schlangenkopf« sein.

Bei jüngeren Kindern kann man am Anfang den Kreis einfach nur stehen lassen, das ist einfacher.

# Geburtstagsfeste und Fasching

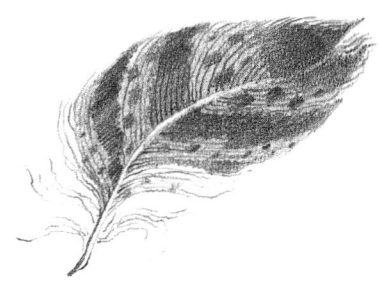

Feste haben nach alter Sitte und Brauch immer einige wenige gleich-bleibende Bestandteile: Essen und Trinken, eine besondere Dekoration und Atmosphäre und natürlich den Tanz. Kinder lieben gewisse Rituale und Bräuche, die besonders am Geburtstag in vielen pädagogischen Einrichtungen gepflegt werden.

Fasching stellt eine besondere Situation dar. Er setzt sich aus den einzelnen obengenannten Komponenten zusammen, ist in seiner Durchführung in den meisten Einrichtungen aber immer wieder neu. An Fasching stellt insbeson-dere das Tanzen einen intensiven Ausdruck der Freude und Ausgelassenheit dieses Tages dar. Nun aber zunächst zum Geburtstag.

## Geburtstagstanz
## »Wir singen dir das Geburtstagslied«

Ein Kind der Gruppe hat Geburtstag und bekommt ein Erkennungszeichen.

# ◆ Wir singen dir das Geburtstagslied ◆

Text und Melodie
mündlich überliefert

1. Wir singen dir das Geburtstagslied und wollten
dich auch was fragen, weil es uns freut, wie
alt wirst du heut? Das musst du ehr-lich uns sa-gen.

2. Wir singen dir das Geburtstagslied.
   Und wollten dich auch bedienen,
   mit einem Ballon und einem Bonbon –
   und einem Beutel Rosinen.

## Und so wird getanzt:

Das Geburtstagskind sitzt im Mittelpunkt eines Kreises, der von den anderen
Kindern gebildet wird, indem sie sich an den Händen halten. Die Tanzgruppe
singt gemeinsam den ersten Teil des Liedes:
»Wir singen dir das Geburtstagslied« – vier langsame Schritte zur Mitte

– »... und wollten dich auch was fragen ...« – vier langsame Schritte zurück zur Anfangsposition – »weil es uns freut, wie alt wirst du heut?« – die Gruppe läuft langsam im Kreis, während sie »das musst du ehrlich uns sagen!« singt.

Das Geburtstagskind nennt nun sein Alter, z.B. »Ich werde sieben Jahre!« Nun ruft die Gruppe begeistert »Sieben, schon sooo alt!« und zählt laut im Kreis laufend Schritt für Schritt von eins bis sieben.

In der zweiten Strophe wiederholt sich der Ablauf des Tanzspieles bis zu dem Punkt an dem die Gruppe singt: »... mit einem Ballon ...« – ein Kind überreicht einen Luftballon, mit einer Schnur daran »... und einem Bonbon ...« – ein anderes Kind überreicht ein Bonbon »... und einen Beutel Rosinen ...« – ein weiteres Kind überreicht einige eingepackte Rosinen.

## Anmerkung:

Damit ist der eigentliche Teil beendet, doch die Rosinen waren in meiner Kindergruppe immer der Übergang zu einer Geburtstagspuppe oder Geburtstagsmarionette, die für ihr Leben gerne diese Rosinen isst. Manchmal wurden sie auch nicht überreicht, da sich die Puppe die Rosinen schon in der Nacht vorher stibitzt hatte. Diese Überleitung schaffte schnell eine Gesprächsbasis für anderes.

# Faschingstanz Nr. 1 »Wer passt zu mir?«

Gruppengröße: Variabel
Alter: Drei bis elf Jahre
Musikrichtung: Entweder Faschingsmusik oder, wer das nicht so mag, z.B. von Michael Jackson aus der CD *Bad* das Lied »The Way You Make Me Feel«(5 Minuten), das voller Power ist und einen guten Rhythmus hat.

Die Faschingskinder sitzen in einem großen Kreis im (Tanz-)Raum. Ein Kind versucht im Innenkreis seine Verkleidung mit dem entsprechenden Charakter ins Tänzerische umzusetzen. Mimisch und tänzerisch versucht es immer wieder einen passenden Tanzpartner zu finden. Dazu werden vorher Regeln vereinbart. Z.B. passen nur gleiche Verkleidung (Indianer/Indianer) oder artverwandte Charaktere (Cowboy/Jäger/Ritter) zusammen oder es verbinden sich gegensätzliche Charaktere wie z.B. Prinzessin/Räuber zu einem Paar, das dann zusammen tanzt.

Hat sich ein Paar gefunden, versucht jeder Tänzer seinen Charakter darzustellen. Gemeinsam tanzen sie ein kurzes Solo und verabschieden sich dann bzw. setzen sich wieder hin.

Der Tanzleiter nickt einem weiteren Kind zu, das sich wieder einen Partner sucht.

### Anmerkung:

Die entsprechende Musik sollte zwei bis drei Mal hintereinander aufgenommen werden.

# FASCHINGSTANZ NR. 2 »SCHLANGENTANZ«

Gruppengröße: Variabel
Alter: Drei bis elf Jahre
Musikrichtung: Faschingsmusik, gut geeignet ist z.B. eine Polonaise oder von Gabrielle Roth And The Mirrors aus der CD *Initiation* das Stück »Staccato«, das einen guten Rhythmus hat und instrumental gehalten ist.
Ebenso eignet sich auch das von Prince aus der MC/LP/CD *Graffiti Bridge* gesungene Lied »New Power Generation«. Dieses Lied ist Geschmackssache, aber es ist sehr kraftvoll und vermittelt »Partyatmosphäre«, weil es sehr quirlig ist.

Genauso lässt sich hier auch eine Lieblingsmusik der Kinder wie z.B. die »Schlumpfhitparade« o.ä. einsetzen.

Material: Ein dickes Seil (wenn keines vorhanden, genügt auch ein dünnes Seil), Stühle, Matten, Klettergegenstände ...

Alle verkleideten Kinder treffen sich an Fasching/Karneval im entsprechenden Tanzraum.
Der Tanzleiter hat in ein Tuch etwas Geheimnisvolles (das Seil) eingepackt. Die Kinder dürfen raten, was es ist.
Nachdem die tollsten Vermutungen angestellt worden sind, wird das Seil effektvoll ausgewickelt. Von Anfang an wird es wie eine Schlange behandelt. Der Tanzleiter stellt dabei immer wieder fest, dass es sich um eine besonders schöne, zahme und einmalige Kinder-Faschings-Tanz-Schlange handelt.
Die Schlange sagt reihum immer wieder sehr nett »Guten Tag«, begrüßt die Kinder usw. Dann möchte die Tanz-Schlange endlich mit der Gruppe tanzen. Sie erklärt, dass das ganz einfach gehe, sie würde sich nacheinander die Kinder aussuchen. Sie sollten sich nur an ihr festhalten und mitmachen.

## Beispiele für diesen Faschingstanz:

❐ Die Schlange tanzt (zuerst) in größeren und kleineren Windungen.
❐ Die Gruppe wird von der Schlange über verschiedenste Hindernisse geführt, z.B. steigen alle über ein paar Stühle, bevor sie weitertänzeln.
❐ Die Tanzschlange wird zwischendurch sehr müde und immer langsamer, wird von den Kindern lauthals geweckt und tanzt plötzlich doppelt so schnell.

❐ Die Tänzer müssen dem Schlangenanführer in verschiedenen Gangarten folgen, z.B. hüpfend, stampfend, auf den Knien, krabbelnd (eine Hand bleibt am Seil) usw.

❐ Der Tanzleiter kann nach einigen Ideen von seiner Seite die Gruppe fragen, wie die Kinder-Faschings-Tanz-Schlange sich fortbewegen soll.

## Anmerkung:

Auch bei dieser Tanzidee sollte die entsprechende Musik zwei- bis dreimal hintereinander aufgenommen worden sein.

# Tanzen mit Eltern und Kindern

(an Elternnachmittagen, auf
Freizeiten usw.)

Wenn Sie in Ihrer Kindergruppe Kreativen Kindertanz einsetzen, ist es immer sehr wichtig, Ihre Arbeit nach außen hin transparent zu machen. Dazu gehört, engagierten Eltern in alle Neuheiten oder besondere Situationen Einblick zu gewähren, weil sie erfahren wollen, wovon ihre Kinder so begeistert sind.

Ich habe solche Nachmittage mit Eltern und Kindern regelmäßig in meiner Tanzgruppe und bei der Kindergartenarbeit durchgeführt.

Der Erfolg war auch für mich groß, da ich sehr viel Feedback von Eltern und Kindern bekam. Weiterhin konnten die Tanzgruppen ihr Können und ihre Lieblingstanzideen zeigen und die Eltern hatten auf die einfachste und praktischste Weise Einblick in unsere Arbeit.

Nun zum Aufbau der Nachmittage. Ich gliedere die Tanzstunde in Tanzideen, die die Kinder alleine vortanzen und in Stücke, die sich eignen, um mit den Eltern gemeinsam zu tanzen.

Diese Elterntanznachmittage waren immer besonders ausgelassen und man spürte eine besondere Gemeinschaft. Ich sah Väter, größere und kleinere Geschwister, Mütter, sogar eine Oma begeistert und völlig außer Puste mittanzen. Meist gehörte eine kleine Pause mit gemeinsamem Essen und Trinken (ohne besondere Vorbereitung) auf einem ausgebreiteten Tuch dazu. Wir veranstalteten sozusagen ein Picknick im Raum, zu dem jede Familie etwas beisteuerte.

Es gibt immer wieder pädagogische Einrichtungen, die Eltern-Kind-Freizeiten anbieten. Für diese Gelegenheiten eignet sich der Kreative Kindertanz sehr gut.

Ich habe die verschiedensten Tanzideen vom Meditativen Tanz bis hin zum Partnertanz ausprobiert und hatte immer begeisterte Teilnehmer. Positiv wirkt sich dabei aus, dass Menschen jeden Alters zum Tanzen geeignet sind. Selbst Kleinkinder können auf Mamas Arm mittanzen.

Bei diesen Aktivitäten hat es sich bewährt, die entsprechenden Musikstücke genau nach Reihenfolge der Tänze hintereinander auf ein Band zu überspielen. Auf diese Weise entfällt langes Suchen. Ein kurzes Einladungsschreiben informiert alle Beteiligten. Organisatorisches kann gleich mit vermerkt werden.

# Grosse Hand und kleine Hand

Gruppengröße: Sechs bis sechzehn Personen
Alter: Unbegrenzt
Musikrichtung: Ruhige, fließende Musik. Entweder Meditationsmusik, Klassik oder z. B. von der Gruppe Pink Floyd aus der LP/MC/CD *Wish You Were Here* das gleichnamige Lied »Wish You Were Here Part I«.

Diese Tanzidee ist meditativ ausgerichtet, kann aber auch individuell umgestaltet werden.

Zu Beginn der Einheit sollten sich alle Teilnehmer entspannt auf den Rücken legen und ein bis zwei Minuten der ruhigen Musik lauschen. Da die Gruppe noch nie miteinander getanzt hat, ist das psychische Ankommen in dieser Vorübung sehr wichtig.

Danach finden sich die Eltern-Kind-Paare zusammen, um sich in bequemer Haltung gegenüber zu sitzen.

## 1. Stadium:

Die Augen werden geschlossen und das Elternteil ertastet vorsichtig die Hand des Kindes. Die Finger werden erfühlt, die Handflächen abgetastet und vorsichtig hin und her bewegt. Zuletzt ruhen beide Handflächen aufeinander. Dann erfolgt ein Wechsel. Das Kind erforscht nun – wenn es kann mit geschlossenen Augen – die Hand des Erwachsenen. Der Tanzleiter kann vor dieser Einheit kurz und in wenigen Worten die verschiedenen Möglichkeiten des Ertastens erklären.

## 2. Stadium:

Kleine und große Hand haben sich nun intensiv kennen gelernt. Gekannt haben sie sich sicher, doch warscheinlich noch nicht so bewusst. Nun sollen sie miteinander tanzen. Dazu kann man entweder die gleiche, ruhige Musik verwenden oder eine andere, etwas schnellere auswählen.

Zuerst führt die Große oder Kleine Hand ihren Partner. Dabei werden erste Tanzvorschläge im Sitzen, später auch im Stehen vorgemacht. Der Partner versucht es nachzutanzen. Danach erfolgt ein Wechsel.

Jetzt nehmen sich die Partner an der Hand, durchwandern den Raum, schauen sich zuerst die Gegebenheiten an und versuchen nach kurzer Zeit, gemeinsam miteinander zu tanzen und sich zu bewegen, ohne sich dabei loszulassen. Im

Anschluss daran wird die Tanzgruppe nach weiteren Vorschlägen gefragt, die gemeinsam umgesetzt werden.

## 3. Stadium:

Nach diesen verschiedenen Einheiten kann eine Reflexion über die Erlebnisse, Gefühle und Eindrücke folgen. Bei einem weiteren Treffen (z.B. während einer Freizeit) kann die Gruppe mit Fingerfarbe einen Händeabdruck aller Teilnehmer zu einem Gemeinschaftsbild formieren.

## Anmerkung:

Diese methodischen Schritte können je nach Einsatzmöglichkeiten verschieden variiert und gekürzt werden. Jedes Stadium ist auch für sich einsetzbar. Ziel dieser Tanzidee soll ein intensives und vertrauensvolles Umgehen und Erleben der Eltern-Kind-Beziehung sein.

# Die Vogelfamilie

Gruppengröße: Acht bis sechzehn Personen (je nach Raum auch mehr)
Alter: Unbegrenzt
Musikrichtung: Mittelschnelle, beschwingte, fröhliche Musik. Z.B. das Lied »Lyrical« von Gabrielle Roth And The Mirrors und ihrer MC/CD *Initiation* oder ein Stück von Andreas Vollenweider aus der MC/CD *Behind The Gardens* ... wie z.B. das Stück »Behind The Gardens – Behind The Wall – Under The Tree«.

Material: Pro Person ein (Hals-) Tuch (ca. 90 cm x 90 cm)

Jede Person erhält ein Tuch und kann sich dieses entweder umhängen, es an den Enden mit den Händen festhalten oder (das empfiehlt sich besonders bei jüngeren Kindern) an zwei Enden locker um den Hals knoten. Zuerst wird eine Probierphase eingeleitet. Jeder Tänzer sollte sich frei und unbeschwert im Raum bewegen, sich vorstellen, er wäre ein glücklicher, schöner, freier Vogel in einem großen Wald.

Nach dieser Phase treffen sich wieder alle Teilnehmer zu einem kurzen Gespräch. Der Tanzleiter erklärt, dass sich nun die jeweiligen Familienmitglieder zu einer Gruppe zusammenfinden und eine Vogelfamilie bilden sollen. Die Mitglieder der Familie beraten sich kurz, wer welche Rolle übernehmen soll und welche Erlebnisse sie tänzerisch darstellen möchten.

Der Tanzleiter geht von Gruppe zu Gruppe und unterstützt und ermuntert die Tänzer.

Nach dem Tanzen können die Familiengruppen sich untereinander austauschen.

**Anmerkung:**

Diese Tanzidee ist sehr stimmungsvoll. Sie stärkt das Gemeinschaftsgefühl der Familie und der Gesamtgruppe.

Dadurch, dass sie ziemlich einfach gestaltet ist, können alle Tänzer ein Erfolgserlebnis haben.

# SCHWUNGTUCH MIT MUSIK FÜR ELTERN UND KINDER

Gruppengröße: Variabel

Alter: Unbegrenzt

Raumgröße: Für ein Schwungtuch sollte unbedingt ausreichend Raum zur Verfügung stehen; mindestens 1,5 m mehr als das Schwungtuch misst.

Musikrichtung: Leichte, schwingende, mittelschnelle Musik, wie z.B. *Die Moldau* von Smetana.

Material: Ein Schwungtuch (siehe hierzu auch die Angaben zu dem Tanz *Schwungtuch mit Musik* in dem Kapitel *Tanzen mit Zubehör*).

Das Vorgehen bei dieser Tanzidee ist ähnlich wie bei *Schwungtuch mit Musik*.

Bei dieser Tanzeinheit stellen sich die Teilnehmer im Raum so auf, dass immer ein Erwachsener und ein Kind nebeneinander am äußeren Ende einen Teil des Schwungtuches halten. Zuerst sitzt die Gruppe auf dem Boden. Jeder Teilnehmer sendet nacheinander durch kurzes Anheben des Schwungtuches eine Welle in die Runde (Genaueres hierzu siehe *Schwungtuch mit Musik*).

Dann wedelt die ganze Gruppe das Schwungtuch zuerst vorsichtig, anschließend etwas stärker. Es entsteht dabei eine Form, die einem bewegten, Wellen gekräuselten Wasser ähnelt.

Dann stehen die Tänzer auf und laufen miteinander im Kreis. Zuerst in die eine und anschließend in die entgegengesetzte Richtung. Jede Person hält dabei »ihr« Tuchende fest.

Nun dürfen sich alle Kinder sehr leise und vorsichtig unter das von den Eltern angehobene Tuch legen. Die Erwachsenen schwingen es mit viel Schwung bis über ihre Köpfe, um es dann langsam wieder zu Boden schweben zu lassen. Dabei berührt es die auf dem Rücken liegenden Kinder, die möglichst fühlen und nicht reden sollen. Das Schwingen wird zwei- bis dreimal wiederholt. Dann schlüpfen die Kinder wieder an ihre Plätze und laufen mit den Eltern im Kreis.

Zuletzt kann die Tanzgruppe noch einmal gemeinsam das Tuch in die Höhe schwingen, um dann den Tanz mit großen und kleinen Wellen zu beenden. Die Musik wird dabei rechtzeitig vom Tanzleiter sanft ausgeblendet.

**Anmerkung:**

Wenn Sie ein reißfestes, originales Schwungtuch oder einen Fallschirm aus Ballonseide haben, können sie folgende Aktion hinzufügen:

Alle Erwachsenen halten ihren Teil des Schwungtuches in der Hand. Je nach Gruppengröße wird das Tuch um einiges aufgerollt, damit die Gruppe fast Schulter an Schulter steht.

Nun kann ein Kind nach dem anderen einzeln auf das Innere des gespannten Tuches steigen und sich dort flach hinlegen, um von den Eltern mit drei schnellen und gleichmäßigen Schwüngen in die Luft katapultiert zu werden (am besten zählt man gemeinsam auf drei). Für die Kinder ein tolles Erlebnis!

# Unter Wasser

Gruppengröße: Zehn bis sechzehn Personen
Alter: Unbegrenzt
Musikrichtung: Sanfte Instrumentalmusik, die trotzdem eine gewisse Eigendynamik enthält und in ihrem Motiv zur Unterwasserwelt passt. Wie z.B. das Stück »Hall Of The Stairs« von Andreas Vollenweider aus der MC/CD *White Winds*.

Diese Tanzidee kommt aus dem Bereich der Tanzgeschichten und bietet auch für größere Gruppen genügend Spielraum, so dass alle Gruppenmitglieder eine Tanzrolle übernehmen können.

## Die Geschichte:

»Stellt euch vor, ein Taucher steigt hinab in die Tiefen eines noch ganz und gar unberührten, sauberen Meeres. Von dort bringt er einen wunderschönen Film über die Unterwasserwelt mit.
Man erfährt hochinteressante Dinge über die schillernden Farben und die glitzernde Pracht der Meeresbewohner. Jede Pflanze und jedes Tier stellt seine Besonderheit eigens dar. Viele große und kleine Fische schwimmen tief auf dem Meeresboden. Die Seeanemonen fächeln ihnen Wind zu. Der alte Oktopus wallt majestätisch mit seinen vielen Armen. Die kleinen Seepferdchen schwimmen fast hüpfend, aber sehr sachte durch die Strömung. Nur kurz wird diese Idylle von einem gefährlichen Hai gestört. Alle Fische verstecken sich in den Schlingpflanzen. Schließlich schwimmt der Hai wieder davon, weil es für ihn nichts zu fressen gibt. Kaum ist er weg, schwimmen alle Meeresbewohner wieder flink und fröhlich herbei.«
Der Tanzleiter erzählt die Geschichte und fragt die Gruppenmitglieder, welche Rollen sie tanzen wollen. Anschließend wird gemeinsam erarbeitet, wie die einzelnen Personen ihre Charaktere darstellen könnten.

Während des Tanzens kann der Leiter einzelne Mitspieler, die noch Probleme mit ihrer Umsetzung ins Tänzerische haben, unterstützen. Wenn er das Gefühl hat, dass die Gruppe zu Ende getanzt hat, sollte er das recht lange Musikstück (6 Minuten) langsam ausblenden.

**Anmerkung:**

Man kann die Geschichte auch nur zur Hälfte erzählen, um dann anschließend gemeinsam mit der Gruppe das Tanzgeschehen zu erarbeiten.

# Eine Auswahl weiterer Tanzideen

Folgende Tanzideen eignen sich auch sehr gut für einen Tanznachmittag mit Eltern und Kindern:

*Trommeltanz, Indianerpowow* (siehe S. 35 und 38)

*Adlerflug, Der wachsende Baum* (siehe S. 42 und 44)

*Sanfte Hände, Wallende Tücher,* zwei besonders stimmungsvolle Tänze (siehe S. 49 und 53)

*Vogel im Regenwald, Die Geschichte vom Riesen* (siehe S. 63 und 71)

*Die kleinen Zwerge, Scheherazade tanzt heut wieder, Scatmans Jazztanz, Der Bettler und die Rose* (kommt überwältigend an), *Blumenkind und Sternenfrau* (siehe S. 74, 76, 78, 86 und 82)

*Spiegelbilder* (siehe S. 101)

*Ku-tschi-tschi* (siehe S. 107)

# Tanzen
# in der Öffentlichkeit

(auf Gemeindefesten, Stadtteilfesten,
und dergleichen mehr)

I n jeder Einrichtung oder in Kindergruppen wird es immer wieder
Anlässe geben, Feste zu feiern oder sich in der Öffentlichkeit zu prä-
sentieren. Dafür gibt es viele Beispiele. Entweder stehen Feste wie Sommer-,
Gemeinde- oder Abschlussfest an oder es gilt, einen »Tag der offenen
Tür« auszurichten. Kindergruppen können an Stadtteilfesten oder anderen
Brauchtumsfesten des Dorfes oder der Gemeinde mit einem Kreativen
Kindertanz teilnehmen.
Dabei ist die richtige Auswahl der Tanzidee ebenso wichtig wie eine gute
Vorbereitung. Die Tanzgruppe sollte sich – nicht um zu üben, sondern
um sich in das Stück einzutanzen – vor dem Aufführungstermin treffen.
Die entsprechenden Stücke sollten ein- bis zweimal getanzt werden.

## Hinweise:

❐ Materialien und sonstiges Zubehör sollten gut vorbereitet sein.

❐ Sollte eine Tanzidee außerhalb von Räumlichkeiten mit Steckdosen für den Kassettenrekorder stattfinden, muss man sich um andere Stromquellen und eventuell ein Verlängerungskabel kümmern.

❐ Wenn mehrere Musikstücke und verschiedene Tanzideen eingesetzt werden, ist es praktisch, die entsprechenden Lieder hintereinander auf eine Kassette zu überspielen.

❐ Bedenken Sie, dass viele Kinder, wenn sie einmal vor Publikum stehen, etwas gehemmt sind.

Man könnte vorher etwas »üben«, indem man seine Tanzstücke einer anderen Kindergruppe vorführt. So gewöhnen sich die Tänzer daran.

 # POTPOURRI

Gruppengröße: Sechs bis sechzehn Kinder
Alter: Vier bis elf Jahre
Musikrichtung: Unterschiedliche Lieder aus verschiedenen Musikrichtungen werden auf eine Kassette in kleineren Auszügen hintereinander aufgenommen (jeweils ca. 1 – 2 Minuten).
Z.B. Pop-Musik: Michael Jackson »In The Closet« aus der CD/MC *Dangerous*, ein beliebtes Stück von Mozart, Meditationsmusik wie von Gabrielle Roth das Stück »Flowing« aus der CD/MC *Initiation* o.ä.

Der Grundgedanke dieser Tanzidee ist eine kleine Auswahl der verschiedenen Tanzarten, die für die Tanzgruppe typisch sind, zusammenzustellen und vorzutanzen. Jeder Tanzleiter kann die Auswahl der Musik und der Tanzstücke individuell auf seine Gruppe abstimmen. Die Tanzstücke sollten jeweils nur

1-2 Minuten lang sein und die Tänzer zwischen den einzelnen Abschnitten eine kurze Pause zum Verändern der Tanzpositionen haben.

Ich habe bei einem Stadtteilfest einmal mit meiner Tanzgruppe folgendes Potpourri vorgeführt:

Zur Musik »In The Closet« von Michael Jackson passte gut, sich ruckartig fortzubewegen. Dabei streckten die Kinder rhythmisch die Arme und Hände weit von sich, in der Art wie wenn man etwas von sich weist oder schiebt. Im Lied kommt ein Geräusch vor, als ob ein Glas auf den Boden fällt und zerbricht.

Die Kinder hatten die Idee, dieses Geräusch mimisch zu untermalen, indem sie plötzlich im Tanz innehielten und ihrem Erschrecken mimisch Ausdruck verliehen, um dann anschließend wieder weiterzutanzen.

Das Musikstück von Mozart eignete sich, um einen Gassentanz in Paarauf-stellung zu zeigen (siehe »*Wenn ich Mozart wär*« in dem Kapitel *Tanzgeschichten für Fortgeschrittene*).

Zum Stück von Gabrielle Roth kann man den Ausdruckstanz *Der wachsende Baum* (siehe *Ausdruckstanz*) tanzen.

## Anmerkung:

Auf diese Weise erhalten auch Außenstehende einen weit gefächerten Einblick in die verschiedenen Möglichkeiten und Sparten des Kreativen Kindertanzes.

# Bändertanz – Adiemus

Gruppengröße: Zehn bis fünfzehn Kinder
Alter: Vier bis elf Jahre
Musikrichtung: Mittelschnelle, fröhliche, fließende Musik wie z.B. das Stück »Adiemus« von der Gruppe Adiemus aus der gleichnamigen Maxi CD (absolut anschaffenswert, denn die Musik ist wie geschaffen für diesen Tanz). Oder ein schnelles Lied von Angelo Branduardi, z.B. aus der MC/CD *Best Of Angelo Branduardi* das Lied »La serie dei numeri« oder »Colgi la prima mela«.

Material: Verschieden farbiges, in 3 cm breit geschnittenes Krepppapier. Die Krepppapierstreifen sollten nicht länger sein als vom Arm des Kindes bis zum Boden, sonst treten sich die Tänzer gegenseitig darauf.

Zuerst bekommt jedes Kind ein Krepppapierband, um auszuprobieren, wie man mit ihm tanzen und schwingen kann. Dazu wird Musik eingespielt. Danach werden erste Improvisationen und Ideen gezeigt.

Die Gruppe kann z.B. locker im Raum verteilt Aufstellung nehmen. Zu Beginn sollte jedes Kind mit seinem Band langsam etwas vor und zurück schwingen. Wenn die Hauptmusik einsetzt, kann jedes Kind sich individuell zur Musik bewegen und dabei sein Tanzband schwingen.

## Möglichkeiten der Gestaltung

❐ Das Band schnell vor und zurück schwingen.

❐ Man kann sich um die eigene Achse drehen und dabei das Kreppband mit ausgestrecktem Arm halten.

❐ Sehr einfach und schön: das Band hoch über den Kopf halten und einen großen Kreis laufen (besonders schön, wenn alle Kinder gleichzeitig laufen).

❐ Auf dem Platz stehen bleiben, dabei mit den Armen kleinere und größere Spiralen drehen.

❐ Alle Tänzer stehen im Kreis und schwingen ihre Bänder gleichmäßig zur Mitte vor und zurück ...

## Anmerkung:

Der Bändertanz ist ein sehr schöner, fröhlicher Kreativer Kindertanz. Er entfaltet besondere Wirkung, wenn er an einem Sommer- oder Frühlingsfest im Freien vorgetanzt wird.

Diese Tanzidee ist einer der Lieblingstänze meiner Tanzgruppen, nicht zuletzt, weil er sehr viel Fröhlichkeit und Lebensfreude ausdrückt.

# FRÜHLINGSTANZ

Gruppengröße: Zehn bis achtzehn Kinder
Alter: Vier bis elf Jahre
Musikrichtung: Fröhliche, mittelschnelle Musik, z.B. von Rolf Zuckowsky aus der MC/CD *Die Jahresuhr* das Lied »Immer wieder kommt ein neuer Frühling« oder eine Folkloremusik.

Material: Verschiedene Tücher, Krepppapier, Zeichenpapier, Malstifte usw.

Zuerst wird den Kindern das Musikstück vorgespielt. Das Lied thematisiert die verschiedenen Anzeichen des Frühlings. Dann wird darüber diskutiert, wie die Gruppe diese Anzeichen ins Tänzerische umsetzen könnte.
Eine einfache Form der Verkleidung kann das Lied optisch unterstützen. Einige der Kinder könnten sich z.B. grüne Krepppapierstreifen entweder im Haar oder am Hosenbund befestigen – sie verkörpern das neue, aufsprießende Gras. Die Tücher werden ganz einfach am Körper drapiert und stehen für unterschiedliche Blumen.
Ein Kind stellt die Sonne dar, indem es eine auf dickes Papier gemalte Sonne entweder in der Hand trägt oder am Kopf befestigt. Weitere Tänzer könnten sich als Schmetterlinge und Vögel verkleiden, indem man kleine Kostüme aus Papier und Draht bastelt. Hier lassen sich bestimmt noch viele andere Überlegungen und Ideen entwickeln, die Ihnen Ihre Gruppe sicher liefern wird.
Die Tanzgruppe nimmt in einem Kreis Aufstellung. Alle halten sich an den Händen und schwingen sie leicht hin und her. In einem nicht zu schnellen Hüpfeschritt bewegt sich die Gruppe so lange im Kreis, bis jedes Kind wieder an seinem Ausgangspunkt angelangt ist. Dann geht die Tanzgruppe dem Rhythmus folgend zur Kreismitte und wieder heraus.
Danach wird der Kreis in folgender Form aufgelöst: Jedes Kind dreht sich auf der Stelle. Der Tanzleiter gibt nun das Zeichen für eine individuelle Improvisation, die jedes Kind für sich entwickeln kann. Dazu lösen sich alle Gruppenmitglieder aus der Kreisform, verteilen sich im Raum und lassen

ihrer Phantasie und ihrer Tanzlust freien Lauf. Wenn zwei Kinder den Wunsch haben, miteinander zu tanzen, können sie sich zusammen im Kreis drehen, hüpfen usw.

# EINE AUSWAHL WEITERER TANZIDEEN:

Hier eignen sich alle Tänze, die beim *Ausdruckstanz* vorgestellt wurden. Außerdem sind geeignet:

*Die schlafende Katze und die Mäusebande* (siehe S. 62)

*Die Geschichte vom Riesen* (siehe S. 71)

*Die kleinen Zwerge* (siehe S. 74)

*Scheherazade tanzt heut wieder* (siehe S. 76)

*Der Kerzentanz* (siehe S. 80)

*Der Bettler und die Rose* (siehe S. 86)

*Blumenkind und Sternenfrau* (siehe S. 82)

*Schwungtuch mit Musik* (siehe S. 89)

# TANZEN MIT KLEINKINDERN

## Eine besondere Situation

Kreativer Tanz ist eine ganzheitliche und phantasievolle Bewegungsform, die in ihren Grundvoraussetzungen auch jüngere Kinder anspricht.

Kleinkinder scheinen das Gefühl für Musik und Bewegung fast im Blut zu haben oder zumindest sehr schnell nachempfinden zu können.

Obwohl Kinder heutzutage schon von klein auf in den verschiedensten Bereichen gefördert werden, wird auf eine frühmusikalische oder »frühtänzerische« Förderung wenig Wert gelegt. Viele Eltern denken sogar, dass das Tanzen mit Kleinkindern nicht möglich oder eine Überforderung sei. An meinem Sohn konnte ich beobachten, dass er mit eineinhalb Jahren erste eigenmotivierte Tanzbewegungen machte. Natürlich waren sie im Vergleich zu Kindergartenkindern noch unkoordiniert. Ich beobachtete also weiter und bemerkte, dass ihn verschiedene Tanzideen, die für größere Kinder konzipiert waren, zur Nachahmung anregten.

Ich schloss daraus, dass Kreativer Kindertanz für Kleinkinder darin bestehen sollte, die Kinder erste rhythmische und stimulierende Erfahrungen mit kurzen, einfachen Tanzeinheiten machen zu lassen.

Erste Basissteine für die weitere Arbeit im Kreativen Tanz werden in dieser Zeit gelegt! Kreative Körpererfahrungen, ein starkes Erleben von Musik und Rhythmus sowie positive Gruppenerlebnisse ermöglichen den Kleinkindern schon früh einen ganz besonderen Zugang zu sich selbst und ihrer Welt.

## Folgende Punkte sind beim Kreativen Tanz mit Kleinkindern zu beachten:

❒ Jedes Kleinkind ist befähigt, sich auf musische und tänzerische Erfahrungen einzulassen.

❒ Es müssen einfache, kurze Einheiten verwendet werden. 1 – 2 Minuten, je nach Durchschnittsalter der Gruppe, genügen hier.

❒ Kleinkinder brauchen einen klar abgesteckten Rahmen, hier steht nicht die Phantasieförderung (damit sind sie überfordert) im Mittelpunkt, stattdessen brauchen sie genaue Tanzvorgaben!

❒ Regelmäßig wiederkehrende Einheiten verstärken das Tanzvermögen.

❒ Die Motivation des Tanzleiters verstärkt die Motivation der Gruppe.

Als ich an diesem Kapitel schrieb, dachte ich an die verschiedensten pädagogischen Einrichtungen, die ihren Kindern nicht nur viel Spaß, sondern auch sehr viel musikalisch-kreative Erlebnisse und ein Zusammengehörigkeitsgefühl vermitteln könnten.

Kreativer Kindertanz kann in Kinderkrippen, Kindertagesstätten und in Kinderheimen angeboten werden. Eine der wichtigen Aufgaben dieser Familien ergänzenden oder gar ersetzenden Einrichtungen liegt nicht zuletzt auch in dem langsamen Aufbau des eigenen Ausdrucks und damit der späteren Fähigkeit »sich auszudrücken«.

Weitere Anbieter könnten haupt- und ehrenamtliche Mitarbeiter von Krabbelgruppen und Spielkreisen sein.

Die Erfahrungen, die ich in einer solchen Gruppe durch meinen damals eineinhalbjährigen Sohn sammeln konnte, möchte ich an Sie weitergeben: Als ich in meiner Krabbelgruppe anfragte, ob sich die anderen Mütter ein Tanzen mit ihren Kindern vorstellen könnten, waren die Reaktionen sehr verhalten. Manche Eltern wendeten ein, dass die Kinder noch etwas zu klein seien. Trotzdem probierten wir nach kurzer Zeit erste Tanzeinheiten aus.

Der Erfolg war nach anfänglicher Skepsis groß. Natürlich wurden die Mütter mit einbezogen, was die eine oder andere Frau (leider hatten wir keine Väter unter uns) auch Überwindung kostete. Wichtig dabei war, eine gleichermaßen für Kinder geeignete wie auch für deren Mütter ansprechende und motivierende Musik auszusuchen.

Für den Tanzleiter ist es vor allem in der ersten Tanzeinheit sehr wichtig, sicher und motivierend aufzutreten. Der Rest kommt dann wirklich wie von Zauberhand!

Obwohl die Kinder damals zu Hause noch nie mit Tanz in Berührung gekommen sind und die Gruppe zum Teil nur wöchentlich Kontakt hatte, waren die meisten Kinder sofort begeistert. Zögernde Kinder versuchten die Tanzideen im Nachhinein zu Hause umzusetzen.

Die anfängliche Skepsis der Mütter legte sich schnell durch die Freude ihrer Kinder und die Wirkung der Musik. Zwei Frauen tanzten ohne Kinder spontan zu einer Walzermusik und hatten sehr viel Spaß dabei.

Der Tanzleiter sollte die Mütter dazu ermutigen, mit ihren Kindern mitzutanzen. Das Gruppenerlebnis und die kindliche Motivation wird dadurch um Vieles gesteigert. Weiterhin haben viele Kinder eher den Mut zu etwas Neuem, wenn sie von ihren Eltern unterstützt werden.

## Methodisch lässt sich das Tanzen mit Kleinkindern folgendermaßen zusammenfassen:

1. Einleitung und Vorbereitung:
   Die Kinder (und Eltern/Tanzleiter) sitzen im Kreis auf dem Boden. Ein einfaches Kinderlied wird ca. 1 – 2 Minuten eingespielt oder gesungen. Die Kinder klatschen zusammen mit dem (den) Erwachsenen den Rhythmus.

2. Das zweite Musikstück wird vorbereitet, nun folgt die eigentliche Tanzeinheit: Je nach Gruppenalter 1 – 2 Minuten lang!

3. Die Tanzidee wird kurz und einfach erklärt, wenn möglich gezeigt.

4. Nun tanzen alle Gruppenmitglieder, die mitmachen möchten, mit. Wichtig: Kreativer Kindertanz ist immer freiwillig. Man kann bei einem unentschlossenen Kind versuchen, es zu motivieren, aber es entscheidet immer selbst!

5. Pro Tanzeinheit werden ein bis zwei Tanzstücke angeboten – mehr würde die Kinder überfordern.

6. In einer Eltern-Kind-Gruppe kann sich ein Reflexionsgespräch der Erwachsenen zum geeigneten Zeitpunkt anschließen.

7. Gruppengröße: Die optimale Gruppengröße wären drei bis zwölf Kinder. Trotzdem können Sie auch ausprobieren, ob die Gruppe mit mehr Kindern zurecht kommt.

# Alle Tücher wehen heute

Gruppengröße: Drei bis zwölf Kinder
Alter: Eineinhalb bis drei Jahre (auch älter)
Musikrichtung: Beschwingte, mittelschnelle Instrumentalmusik, wie sie Andreas Vollenweider oder Georg Deuter gemacht haben. Man kann z.B. das Stück »Behind The Gardens – Behind The Wall – Under The Tree« von der gleichnamigen MC/CD oder das Stück »The Play Of The Five Balls« von der MC/CD *White Winds* von Vollenweider benutzen. Ebenso ist die CD *Adiemus* mit dem gleichnamigen Stück von der Gruppe Adiemus zu empfehlen.
Jedes dieser Stücke sollte nach ca. 2 Minuten sanft ausgeblendet werden.

Material: Pro Gruppenmitglied ein Hals-, Seiden- oder Stofftuch (für Kinder 45 cm x 45 cm groß, für Erwachsene 90 cm x 90 cm).

Einleitung: Siehe methodische Vorgehensweise auf S. 141.

## Die Tanzidee:

Die Tanzgruppe steht locker im Raum verteilt. Der Tanzleiter schwenkt schon während der kurzen Einleitung sein Tuch hin und her. Er fordert die Gruppe auf: »Schwenkt das Tuch hin und her, dreht euch dabei, lasst es fliegen, segeln, schweben und lauft, wenn ihr mögt, im Raum damit herum.« Auf unentschlossene Kinder kann der Gruppenleiter zutanzen, sie mit seinem Tuch in sein Tanzen mit einbeziehen, eventuell vorsichtig auffordern, das Tuch zu schwenken.

## Anmerkung:

Diese Tanzeinheit kommt aufgrund des ansprechenden Materials sehr gut bei Kleinkindern und auch Erwachsenen an. Besonders schön sind Seidentücher, aber auch andere bunte Tücher erzielen ihre Wirkung.

# DREH DICH, KLEINER BRUMMKREISEL

Gruppengröße: Drei bis zwölf Kinder
Alter: Eineinhalb bis drei Jahre (natürlich auch ältere Kinder)
Musikrichtung: Ein schwungvolles, melodiöses Stück wie z. B. von Tschaikowsky aus dem Werk *Der Nußknacker* der »Blumenwalzer«.

Die Einleitungsphase erfolgt mit einem einfachen, rhythmischen Kinderlied (siehe methodische Schritte). Z.B. mit einem klassischen Kinderlied, einem modernen Kinderlied oder auch einem selbst gesungenen Lied. Dazu wird geklatscht.

## Die Tanzidee:

Um den Kindern eine Vorstellung von einem Brummkreisel zu geben, sollte ein solcher aufziehbarer Kinderkreisel in einer eigenen Einheit vorgestellt werden (sonst interessieren sie sich nur für den Kreisel!). Sicher wird die Gruppe, auch wenn sie diesen kennt, sehr davon fasziniert sein und ihn ausprobieren wollen.

Nun wird getanzt: Alle (Eltern und) Kinder stellen sich in einer lockeren Form im Raum auf, die Musik wird eingespielt und ein paar Takte werden mitgehört. Dann fängt der Tanzleiter an sich langsam vor den Augen der Kinder auf der Stelle mit von sich getreckten Armen zu drehen. Er fordert die Tanzgruppe dazu auf, sich ebenfalls zur Musik zu drehen. Nach anfänglichem Zögern werden die jüngeren den älteren Kindern nachfolgen. Jeder Tänzer hat dabei die Möglichkeit, die Tanzidee nach seinen eigenen, individuellen Vorstellungen umzusetzen.

Manche Kinder möchten sich gerne mit ein oder zwei anderen Kindern zur Musik drehen, diese Idee kann von der ganzen Gruppe aufgegriffen werden.

## Anmerkung:

Es gibt in jeder Tanzgruppe Kinder, die zuerst einmal zuschauen und erst nach einer gewissen Zeit selbst aktiv werden wollen.

# Eltern-Kind-Tanzen

Gruppengröße: Variabel
Alter: Eignet sich schon für einjährige Kinder, für Kinder bis zu drei Jahren
Musikrichtung: Einsetzbar ist jede Lieblingsmusik von Eltern und Kind

Einleitung: Siehe methodische Vorgehensweise auf S. 141.

## Die Tanzidee:

Diese Tanzart ist so einfach, dass es gut sein kann, dass sie schon sehr viele tanzbegeisterte Eltern einmal im eigenen Wohnzimmer zur Lieblingsmusik praktiziert haben.
Das Kind wird auf den Arm genommen und hält sich mit beiden Armen am Erwachsenen fest. Manche schlingen auch schon reflexartig ihre Beine um den Bauch.
Nun kann's losgehen! Der Erwachsene wiegt sich zuerst langsam im Takt. Je nachdem, wie das Kind reagiert, können erste Schritte im Raum gemacht werden. Manche Kinder lieben es schneller und jauchzen bei Hopsern und rasanten Drehungen, andere fühlen sich bei langsamen Bewegungen wohl.
Besonders kuschelig wird es, wenn das Kind zwischen zwei Erwachsenen – am besten Mama und Papa – eingekuschelt mittanzen darf.

## Anmerkung:

Das Eltern-Kind-Tanzen kann in jedem Wohnzimmer stattfinden. Genauso schön ist es in der Gruppe und macht den Erwachsenen und Kindern besonderen Spaß.

 # WIR TANZEN EINEN KREIS

Gruppengröße: Sechs bis achtzehn Personen (Eltern und Kinder), fünf bis zehn Kinder
Alter: Eineinhalb bis drei Jahre (aber auch älter)
Musikrichtung: Mittelschnelles, rhythmisches, in seinen Motiven wiederkehrendes Stück. Ich habe z.B. aus der CD *Seal* (1994) das Stück »Kiss From A Rose« ausgesucht. Es können auch Folklorestücke verwendet werden.

Einleitung: Siehe methodische Vorgehensweise auf S. 141.

## Die Tanzidee:

Alle Tänzer bilden einen Kreis (bei Eltern-Kind-Gruppen stellt sich immer ein Erwachsener zwischen zwei Kinder). Der Tanzleiter fordert alle auf, sich gut an den Händen zu halten und nicht loszulassen.

Dann erklärt er, dass die Gruppe nun in eine von ihm vorgegebene Richtung im Kreis an den Händen haltend läuft. Nach zwei getanzten Kreisen wechselt die Laufrichtung. Dieser Vorgang kann sich je nach Gruppe einmal wiederholen. Ebenso ist die Geschwindigkeit des Laufens der Gruppe anzupassen.

Nun gehen die Tänzer auf ein Zeichen des Leiters zweimal langsam in kleinen Schritten zur Mitte und wieder zurück. Danach schließt sich wieder ein gemeinsames Gehen oder auch Hüpfen der Tänzer im Kreis an.

Als Nächstes bewegen sich wieder alle zur Mitte des Kreises und zurück. Dieses Mal machen sich alle ganz klein und gehen in kleinen Schritten (»ihr seid jetzt kleine Zwerge, die einen Reigen tanzen«).

Zuletzt hopsen alle noch einmal beschwingt mit den Armen schlenkernd im Kreis, die Musik wird nun sanft ausgeblendet.

**Anmerkung:**

Diese Tanzidee sollte nach ein bis zwei vorhergehenden Tanzstücken eingesetzt werden, dann ist die Tanzgruppe mit sich und dem Tanzen etwas vertrauter. Es ist aber kein schwerer Tanz, je nach Alter können noch weitere Varianten eingebaut werden.

# RHYTHMUSTANZEN

Gruppengröße: Vier bis achtzehn Personen (Eltern und Kinder), drei bis zehn Kleinkinder
Alter: Eineinhalb bis drei Jahre (und älter)
Musikrichtung: Rhythmische Musik, wie z.B. von der Gruppe Guem et Zaka aus der LP/MC/CD *Best Of Percussion* das Lied »Le serpent«.

Einleitung: Siehe methodische Vorgehensweise auf S. 141.

## Die Tanzidee:

Der Tanzleiter beginnt mit den Worten: »Heute sind wir einmal alle ein kleines stampfendes, sich schüttelndes, klatschendes Tier! Ich habe eine Musik mitgebracht, auf der ihr viele Trommeln hört.
Wenn das Tier diese Trommeln hört, kann es nicht mehr anders – da muss es loswackeln, klatschen und stampfen.«
Die Musik wird eingeschaltet und der Tanzleiter zeigt eine Interpretation von einem solchen Tier. Die übrigen Tänzer kommen nun hinzu.

**Anmerkung:**

Sehr wichtig ist auch hierbei, dass man als Anleiter der Tanzgruppe nicht zu konkrete Vorstellungen hat. Die Umsetzung in der Gruppe ist jedes Mal verschieden und hängt von den Teilnehmern, ihrem Alter und ihrer momentanen Verfassung ab.

 # Alle Hände hoch

Gruppengröße: Vier bis achtzehn Personen (Eltern und Kinder), drei bis zehn Kleinkinder
Alter: Eineinhalb bis drei Jahre (auch älter)
Musikrichtung: Mittelschnelle bis mäßig schnelle, nicht zu laute Instrumentalmusik, wie z.B. aus der LP/MC/CD *Peter und der Wolf* von Sergei Prokoview die Passage am Anfang des Stückes, nachdem der/die Ansager/in die einzelnen Charaktere vorgestellt hat. Danach kommt eine Sequenz von ca. 1-2 Minuten, die das Grundthema des Stückes instrumental wiedergibt. Man muss sich diese auf eine andere Kassette überspielen.

Einleitung: Siehe methodische Vorgehensweise auf S. 141.

## Die Tanzidee:

Die Kinder (und Eltern) hüpfen zur Musik durch den Raum, laufen oder tanzen. Immer wieder wird die Musik kurz gestoppt. Der Tanzleiter ruft dann »Alle Hände hoch!« Daraufhin bleiben alle stehen und strecken ihre Arme nach oben und rufen »Hey!«, »Huuu!« oder etwas Ähnliches. Die Gruppe darf erst weitertanzen, wenn die Musik wieder beginnt.

Bei einem erneuten Stopp werden die Arme wieder emporgestreckt usw. Nach 1 -2 Minuten wird die Musik ausgeblendet.

**Anmerkung:**

Die eineinhalbjährigen Kinder werden das Stoppen der Musik noch nicht so gut einordnen können. Sie können diese Tanzeinheit aber trotzdem einsetzen, wenn Sie eine Tanzgruppe mit sowohl jüngeren als auch älteren Kindern haben. Die jüngeren orientieren sich mit der Zeit an den älteren Kindern und das »Alle Hände hoch!« und »Hey!« kommen dann von alleine.

# DIE KLEINEN HEXCHEN

Gruppengröße: Vier bis achtzehn Personen (Eltern und Kinder), drei bis zehn Kleinkinder
Alter: Eineinhalb bis drei Jahre (auch älter)
Musikrichtung: Lustige, mittelschnelle Musik. Ich verwende das gleiche Lied wie beim Hexen-Besen-Tanz für ältere Kinder: Von der LP/MC/CD *Der Friedensmaler* von Frederik Vahle das Lied »Hexentanz«, Fidula Fon (MC 8311, LP 8831). Ebenso ist eine Polka möglich.

Material: Pro Person ein Gymnastikstab oder ein passender Ast.

Einleitung: Siehe methodische Vorgehensweise auf S. 141.

## Die Tanzidee:

Diesen Tanz habe ich entwickelt, weil mein damals eineinhalbjähriger Sohn, nachdem ich mit älteren Kindern den Hexen-Besen-Tanz getanzt habe, noch tagelang auf einem Stock durch die Gegend »ritt«.

Der Tanzleiter kommt »auf einem Besen reitend« auf die Gruppenmitglieder zu und erzählt, dass er eine kleine Hexe sei. Heute wolle er mit vielen anderen Hexchen einen Tanz mit den »Besen« aufführen.

Die Hexenbesen werden vorsichtig ausgeteilt, den Tänzern wird gezeigt, wie man sie zwischen die Beine klemmt und mit beiden Händen so festhält, dass sie mit einem Ende auf dem Boden aufliegen.

Dann wird die Musik eingeschaltet und alle können sich im Kreis dazu bewegen bzw. auf ihren Stecken reiten.

# Eine Auswahl weiterer Tanzideen für Kleinkinder

Die folgenden Vorschläge aus den anderen Kapiteln sind stark vereinfacht und verkürzt in die Methodik des Kreativen Kindertanzes für Kleinkinder zu übertragen.

*Meine Hände sind verzaubert* (siehe S. 45)

*Sanfte Hände, Wallende Tücher* (siehe S. 49 und 53)

*Angelos Schellentanz* (siehe S. 88)

*Klapperklatsch* (siehe S. 110)

*Ku-tschi-tschi* (für kleinere Kinder, siehe S. 107)

*Bändertanz-Adiemus* (stark vereinfacht, siehe S. 134)

# Schlusswort mit Danksagung

Kreativer Kindertanz hat in meinem Leben und meinen Gefühlen sehr viel verändert. Es beglückt mich immer wieder, wenn ich Kinder in meinen Gruppen erlebe, die im Laufe der Zeit reifen und sich verändern. Da gibt es zum Beispiel ein Mädchen, das sehr schüchtern in die Tanzgruppe kam und sich nach einem Jahr frei und ungehemmt mit den anderen Gruppenmitgliedern bewegte. Ein anderes Kind war sehr schwierig und lebte in einer Problem beladenen Familiensituation. Es veränderte in dem gemeinsamen Prozess von Tanz und Ideenfindung immer mehr seine aggressive Einstellung zu sich und den anderen. Plötzlich war es ein begeistertes, nicht mehr so schwieriges Kind.

Ich konnte ebenso die Tanzentwicklung von einigen Kleinkindern miterleben. Es war einfach phantastisch, wie sich langsam Rhythmusgefühl, Mut zur Bewegung und eine immer stärker werdende Begeisterung aufbaute.

Es ist etwas Einmaliges, wenn man dabei sein kann, wie sich eine Phantasie gefüllte Seele erhebt und der Körper zum Sprachrohr der Gefühle und Stimmungen wird.

Ich hoffe sehr, Ihnen etwas von meinen Erlebnissen und Erfahrungen durch dieses Buch vermittelt zu haben. Es ist mir ein wirkliches Anliegen, den Kreativen Kindertanz in pädagogische Einrichtungen einzuführen. Es steckt so viel Schöpferisches darin.

Wichtig dabei sollten stets folgende Grundsätze sein:

Kreativer Kindertanz ist immer freiwillig! Es gibt weder gut noch schlecht – es zählt die eigene Idee! Die wichtigste Vorbereitung ist eine gute Motivation! Der Spaß an der Bewegung im Tanz steht im Vordergrund!

Danken möchte ich vor allem meiner kinesiologisch arbeitenden Heilpraktikerin Claudia Veith, dass sie mir die Kraft und den Mut gegeben hat, mein Wunschprojekt zu entwickeln. Die Kinesiologie hat mir dabei sehr geholfen.

Dann möchte ich meinem Mann Michael danken, dass er mir immer seine Unterstützung hat zukommen lassen und mir manches Mal den Freiraum in unserer Familie verschafft hat, um dieses Buch zu schreiben. Er hat viele Stunden an den Entwürfen des Manuskriptes mitgearbeitet und korrigiert.

Vielen Dank meinen beiden Kindern Marie-Susan und Nikolai. Sie ließen mich sehen, was so offensichtlich war! Von ihnen habe ich viel gelernt und mit ihnen habe ich viel ausprobiert.

Danke auch meinen beiden Schwagern, Thomas Braun und Hans Auer, die mir jeder auf seinem Fachgebiet eine große Hilfe waren.

Ohne »meine Tanzkinder« in den verschiedenen Gruppen wäre dieses Buch nie so lebendig und Praxis erprobt geworden, ihnen möchte ich dafür danken, dass sie sich ihre Phantasie erhalten und sie mir in vielen Stunden offenbart haben.

Ich danke allen meinen Freunden und Kollegen, die mich in meinem Vorhaben ermutigt haben. Besonders Sandy Stöhr, mit der ich die Anfänge meiner Tanzbegeisterung in ersten Projekten erarbeitet habe.

Ebenso Kitti Mohr-Fritschi, die zusammen mit meinem Mann und der Fotografin Heidi Velten einige wunderschöne Momente mit den Kindern der Kreativen Tanzgruppe festgehalten hat.

Herzlichen Dank auch Frau Olzog vom Kösel-Verlag, die erkannt hat, dass dieses Buch für viele Kinder eine Bereicherung sein kann.